Sabine Skala

Christusnetz

Das neue Energiesystem in unserem Körper

Smaragd Verlag

Haftung

Die Informationen dieses Buches sind nach bestem Wissen und Gewissen dargestellt. Sie ersetzen nicht die Betreuung durch einen Arzt, Heilpraktiker oder Psychotherapeuten, wenn Verdacht auf eine ernsthafte Gesundheitsstörung besteht. Weder Autorin noch Verlag übernehmen eine Haftung für Schäden irgendwelcher Art, die direkt oder indirekt aus der Anwendung des Inhalts dieses Buches entstehen könnten.

Bitte fordern Sie unser kostenloses Verlagsverzeichnis an:

Smaragd Verlag e.K.
Brückenstraße 25
D-56269 Dierdorf
Tel.: 02689-92259-10
Fax: 02689-92259-20
E-Mail: info@smaragd-verlag.de
www.smaragd-verlag.de

Oder besuchen Sie uns im Internet unter der obigen Adresse und melden Sie sich für unseren Newsletter an.

© Smaragd Verlag, 56269 Dierdorf
Erste Auflage: August 2021
© Cover: nttoniart - Adobe stock
Umschlaggestaltung: preData
Satz: Gaby Heuchemer
Printed: CPI Books GmbH, Leck
ISBN 978-3-95531-209-1

Urheberrechtlich geschützt.
Kopien für private und gewerbliche Zwecke, auch auszugsweise, nur mit Genehmigung von Smaragd Verlag.
Der Smaragd Verlag gibt keine Gewährleistung oder Garantie hinsichtlich der Angaben in diesem Dokument.

Widmung

Für meine Patientinnen und Patienten

Inhalt

Vorwort 11
Jesus Christus 13
Christusenergie 17
Christusheilerin – Christusheiler 19
Das Christusnetz 21
- Anziehung der göttlichen Liebe 24
- Christusnetz in uns 26
- Christusnetz bei Kindern 30
- Christusnetz der Tiere 32
- Christusnetz, Christusenergie und Kristallgitternetz der Erde 35
- Kristallgitternetz und die Tiere 37
- Eigenschwingung erhöhen 38

Warum ist es so wichtig, das Christusnetz in uns zu aktivieren? 40
- Schnellere Heilung bei Krankheiten und akuten Beschwerden 43
- Schnellere Bewusstwerdung 44
- Die Kraft unserer inneren Mitte stärken 45
- Innere Stabilität aufbauen und halten 47
- Die Christusenergie wirkt ständig auf unseren Körper und hält uns in der hohen Schwingung 48
- Ständige Verbindung zur Christusenergie und zur göttlichen Quelle 49
- Stärkung der Gesundheit 50
- Enger Kontakt zu unserer Seele 52

- Intensive Kommunikation mit Jesus Christus 53
- Innere Zufriedenheit, Glück und mehr Freude in unserem Leben 54
- Stärkung unseres Wahren Seins 55
- Informationen werden freigesetzt, die uns auf unserem Weg weiterbringen 57
- Empfangen von Erkenntnissen 58
- Verbindung zur göttlichen Ebene, zu unserer Seele und zur Erde 59

Was das Christusnetz bewirken kann 60
- Wirkung auf unsere Aura und unser Umfeld 61
- Verbindung zum Kristallgitternetz 64
- Verbindung zu Jesus Christus und seiner Heilenergie 65
- Verbindung mit der Fünften Dimension und höher 67
- Verbindung und Kontakt mit Engeln, Einhörnern, Meistern und Lichtwesen 69
- Verbindung mit dem Herznetz der Erde 71
- Ablösung von alten Energien und Offenheit fürs Neue Sein 73
- Geborgenheit und Sicherheit 75
- Erhöht unseren Körper in seiner Schwingung 77
- Unserer Bestimmung auf Erden folgen 78
- Unterstützt uns bei der Umsetzung unserer Berufung auf Erden 79
- Zieht Menschen mit der gleichen Schwingung an 81
- Strahlt immer göttliche Liebe aus 83
- Schenkt uns innere Stabilität 84
- Stärkt unser Selbstbewusstsein 85

- Gewährt uns Schutz vor Fremdenergien 86
- Schützt uns vor Strahlung 88

Christusenergiebehandlung 90
- Handhaltung bei der Aktivierung 91

Christuspunkte 93
- Infografik des Körpers 95
- Infografik der Fußunterseite 96
- Beschreibung der einzelnen Christuspunkte und ihre Wirkung 97

Christusstern 129
Inkarnationsstrahl 130
Christusfunken 132
- Christusfunken stärken die Aura und den energetischen Schutz 135
- Einzelne Christusfunken in der Heilung eingesetzt 137

Aktivierung des Christusnetzes bei anderen 139
Aktivierung des Christusnetzes bei sich selbst 142
Aktivierung des Christusnetzes 143
- Innere Stabilisierung 144
- Aktivierung der einzelnen Christuspunkte 145
- Christusstern setzen und aktivieren 152
- Mit dem Kristallgitternetz der Erde verbinden 154
- Energetisierung mit den Christusfunken 156
- Beenden der Behandlung 157
- Kurze Zusammenfassung der Aktivierung 159

Auffrischung des aktivierten Christusnetzes 160
Christusenergie als „Laser"-Strahl einsetzen 161
Christusnetz der einzelnen Organe 162
Christusnetz in den Knochen 166
Spirituelle Bedeutung der Christuspunkte 168
- Wichtige Christuspunkte im Einzelnen 170

**Was kann die Wirkung des Christusnetzes
abschwächen?** 184
Platonische Körper 186
Das Dreieck in der Behandlung 188
Wie fühlt sich das aktivierte Christusnetz eigentlich an? ... 190
Meditationen 193
- Meditation „Mit Christus in Kontakt treten" 193
- Meditation „Christusnetz energetisieren" 195
- Meditation „Sich füllen lassen" 197
- Meditation „Verbindung mit dem Kristallnetz
  der Erde" 199
- Meditation „Bei sich bleiben" 201

**Register von körperlichen und seelischen Beschwerden
mit den dazugehörigen Christuspunkten** 203
Danksagung 211
Über die Autorin 213
Buchempfehlungen 215
Infografik des Körpers (zum Raustrennen) 221
Infografik der Fußunterseite (zum Raustrennen) 223

Vorwort

Liebe Leserinnen, liebe Leser,

erst einmal vielen Dank, dass ihr euch für dieses Buch entschieden habt. Dieses Buch war schon lange in meinen Gedanken; und nun endlich könnt ihr es auch lesen.

Ich freue ich mich sehr darüber, euch das Christusnetz präsentieren zu dürfen, das in enger „Zusammenarbeit" mit Jesus Christus entstanden ist, mit dem ich seit vielen Jahren verbunden bin. Das Christusnetz ist das neue Energiesystem in unserem Körper, das uns und unseren Körper bei der Anpassung an die stetig höher werdende Schwingung auf Erden unterstützt. Zudem gibt es uns viele Möglichkeiten der Heilung und der spirituellen Weiterentwicklung an die Hand. Das Christusnetz stärkt unsere innere Stabilität und Verbindung zum Kristallgitternetz der Erde, wie auch den Kontakt zu Gott.

Vorab wollte ich euch noch einiges mitteilen, was mir wichtig erschien und was ihr wissen solltet.

In diesem Buch habe ich immer von Gott gesprochen, damit ist aber auch die göttliche Quelle und das Große Ganze gemeint. Da Gott der Vater von Jesus Christus ist, hat es im Kontext einfach besser gepasst, „Gott" zu schreiben als „Göttliche Quelle". Für wen das nicht stimmig ist, aufgrund vielleicht von bestimmten Sichtweisen oder negativen Erfahrungen in der Kirche, der kann die göttliche Quelle anstelle von Gott in Gedanken ersetzen. Das Christusnetz und alles, was mit ihm in Verbindung steht, ist frei von irgendwelchen Institutionen, sei es die evangelische, katholische oder die freie Kirche. Jesus Christus war keiner Kirche angehörig, sondern er war unabhängig und frei. Fühlt euch ebenfalls bei den geschriebenen Worten unabhängig und frei.

Wenn ich nicht immer beide Geschlechter genannt habe, verzeiht bitte. Es sind natürlich immer beide Geschlechter gemeint, Frau und Mann.

Ein Anliegen ist es mir noch zu sagen, dass dieses Buch eine Unterstützung bei der Heilung von Beschwerden aller Art darstellt, jedoch keinen Besuch beim Arzt oder einer Ärztin ersetzt. Eine Zusammenarbeit von allen Bereichen der Heilung – also Schulmedizin, Naturheilkunde, Mediales und Geistiges Heilen und andere alternative Heilmethoden und Therapien –, ist wichtig und sollte in der heutigen Zeit gegeben sein, leider ist es noch nicht so. Aber ich gebe die Hoffnung nicht auf, dass der ganzheitliche Aspekt des Heilens beim Menschen und seinen verschiedenen Ebenen immer mehr in Betracht gezogen wird. Lichtblicke sind zu erkennen. ☺

Ich wünsche euch jetzt ganz viel Freude, Erkenntnis, Wandlung und neue Möglichkeiten der Heilung mit meinem Buch.

Eure Sabine

Jesus Christus

Jesus Christus ist ein Aufgestiegener Meister, der Sohn Gottes.

Er war in seiner Inkarnation auf Erden ein Vermittler der göttlichen Energie, um den Menschen ein neues Bewusstsein, die Liebe und das Vertrauen in Gott zu bringen. Er setzte Impulse und verankerte göttliche Energien, die den Menschen und der Erde halfen, sich weiterzuentwickeln, um nach und nach die Schwingung zu erhöhen. Jesus Christus war sich seines Weges bewusst, den er zu gehen hatte. Gerade weil er seinen Weg wusste, benötigte es viel Mut, diesen auch im vollkommenen Vertrauen zu Gott zu gehen. Einige Seelen wurden zu Wegbegleitern Jesu, die einen weiteren Meilenstein der Bewusstseinsentwicklung auf Erden gesetzt hatten. Die meisten von ihnen haben dafür ebenfalls, wie Jesus, mit ihrem Leben dafür bezahlen müssen.

Jesus Christus ist eine freie Energie, unabhängig von der Erdenkirche. Sie ist jedem zugänglich und auch für jeden erreichbar. Jesus Christus ist keine irdische Institution, sondern ein freier Geist, Energie und Seele. Jesus Christus ist in den Himmel aufgefahren, um uns nun von der göttlichen Ebene aus zu helfen. Er hat die Fähigkeit, sich so weit mit seiner Schwingung abzusenken, um sich der irdischen Ebene zu nähern, sodass wir das Gefühl haben, er steht wirklich neben uns.

Weil er auf Erden inkarniert war und sich den Menschen zugewandt und gewidmet hatte, weiß er um unsere Ängste und Nöte, die sich bis heute nicht wesentlich geändert haben. Auch damals hatten die Menschen finanzielle Nöte, Sorgen und

Ängste, Liebeskummer, Angst bei Krankheit und vieles mehr. Im Kern der Probleme hat sich also nichts geändert, sie sind nur komplexer und vielschichtiger geworden.

Die Ausstrahlung von Jesus Christus ist besonders, damals wie heute. Bereits in der Bibel wird seine Ausstrahlung wie folgt beschrieben:

Evangelium des Johannes Kapitel 6, nach dem Wunder der Brotvermehrung kehren sich viele hundert Menschen von Jesus ab. Jesus fragte die Zwölf:

„Wollt ihr etwa auch weggehen?" Dann sagte Petrus, V68-69:

68 „Herr, zu wem sollten wir gehen? Du hast Worte, die zum ewigen Leben führen,

69 und wir glauben und haben erkannt, dass du der Heilige bist, den Gott gesandt hat."

Und so ist seine Energie auch heute noch, er ist der Heilige, der von Gott gesandt wurde.

Jesus Christus trägt eine eindrucksvolle Ausstrahlung in sich. Er strahlt Liebe, Vertrauen, Zuversicht, Kraft, Stärke und Freude aus. An ihn können wir uns anlehnen, wenn wir nicht mehr weiterwissen. An ihn können wir uns wenden, wenn wir einen Rat brauchen. Er hilft uns bei Entscheidungen und in ausweglosen Situationen, aber ebenso begleitet er uns im Alltag, auch in den schönen Momenten. Jesus Christus ist ein Freund, der auf Erden lebte und auferstanden ist. Er kennt alle Energien und Ebenen und weiß um das Menschsein. All dies strahlt er aus mit seinem ganzen Sein auf irdischer und göttlicher Ebene. Seine Energie ist ewig, immerwährend, kraftvoll, machtvoll, mitfühlend, verständig und mit Liebe erfüllt.

Jede Meisterenergie ist individuell, jeder Aufgestiegene Meister steht für bestimmte Energien, Bereiche und Themen. Jesus Christus ist ein Aufgestiegener Meister, er steht für das Leben des Wahren Seins, der Wahrhaftigkeit. Er lebte es, er zeigte es, und er bekam natürlich auch Probleme durch sein Verhalten. Er lebte so, wie er wirklich war: wahrhaftig, von Gott geschaffen und in der Einheit mit ihm.

Die damaligen Zeiten waren alles andere als einfach, aber er hatte trotz alledem den Mut zu zeigen, wer er wirklich war. Viele von uns haben heute noch Probleme damit, sich so zu zeigen, wie sie sind. Und viele wissen gar nicht, wer sie sind. Und diejenigen, die ihr Wahres Sein leben, erwischen sich selbst oft noch, wenn sie nicht authentisch sind.

Jesus Christus konnte es, sein Wahres Sein leben. Oft war er aber durch die Energien seiner Mitmenschen sehr beeinflusst, dahingehend, dass er alles wahrnahm, was sie fühlten und was sie beschäftigte.

Jesus Christus lebte seine Seele ohne Ego, ohne Absicht für das eigene Wohl. Er hatte immer das Große Ganze im Blick. Er war eins mit seiner Seele, er lebte ihr Wahres Sein auf Erden.

Auch wenn ich das Wort Vorbild nicht so gerne schreibe, im Falle Jesus ist es genau das: Er war und ist ein Vorbild für uns alle. Er hat uns gezeigt, wie es geht, sein Wahres Sein auf Erden offen zu leben. Natürlich hatte er selbst ebenfalls, wie wir auch, Sorgen und Ängste, die er dann mit Gott kommunizierte. Es kam zuweilen vor, dass er seinen Weg auf Erden und die Aufgabe dahinter Gott vorwarf, aber auch in diesem Moment war er authentisch.

Wir können uns immer an Jesus Christus wenden, besonders wenn uns der Mut fehlt, weiter unseren Weg zu gehen. Jesus Christus hilft uns dabei, er unterstützt uns, stärkt und begleitet uns. Er ist immer da, wenn wir ihn brauchen. Er steht neben dir, ja, neben dir, in diesem Moment. Den folgenden Satz habe ich für euch empfangen:

„Ich liebe euch alle, denn ich sehe eure Seelen, die so wundervoll und rein aus euch erstrahlen!"

(Jesus Christus)

Christusenergie

Die Christusenergie ist von strahlendem Blau und Weiß. Sie fließt von Jesus Christus und Gott zu uns. Wir können sie empfangen und uns mit ihr füllen lassen.

Darüber hinaus gibt es auch die Möglichkeit, diese wundervolle Christusenergie für die Heilung, Stärkung und Energieerhöhung für uns selbst oder für andere bewusst einzusetzen. Lassen wir uns auf diesen Weg der Wandlung ein, sollten wir uns ganz dafür öffnen und die Christusenergie über unser Kronen-Chakra einfließen lassen, diese fließt dann weiter zu unserem Herzen, in die Hände und letztendlich über die Finger wieder hinaus, dorthin, wo ihr sie gerne hättet. Ihr lenkt so bewusst die Christusenergie in die Bereiche des Körpers, wo sie gebraucht wird.

Die Christusenergie ist sehr hochschwingend und hat die Fähigkeit, Energien in ihrer Schwingung zu erhöhen und sich dem aktuellen Wandel, der Schwingungserhöhung der Erde, anzupassen.

Die Christusenergie fließen zu lassen geschieht immer im Beisein von Jesus Christus. Die Christusenergie strahlt nicht nur die göttliche Liebe aus, sondern sie trägt eine sehr erdende Kraft in sich, die sehr wichtig ist, wenn sich die eigene Körperschwingung auf unserem Weg auf Erden immer mehr erhöht. Eine gute Erdung ist besonders wichtig, denn die Gefahr besteht, gerade bei spiritueller Arbeit und persönlicher Entwicklung, den Boden unter den Füßen zu verlieren. Viele Menschen haben nicht die Fähigkeit oder Kraft, sich so zu erden, dass diese ausreicht. Ich sehe immer wieder in meiner Praxis, dass die Erdung eine fundamentale Voraussetzung dafür ist, sich stetig weiterentwickeln zu können und das Erfahrene, das Wahre Sein, die eigenen Fähigkeiten und Ideen auf Erden umzusetzen und zu leben.

Die Christusenergie erdet uns und hebt zur gleichen Zeit die Schwingung unseres Körpers und Seins an.

Ihr könnt nicht nur zu Mensch und Tier die Christusenergie fließen lassen, sondern auch in die Natur, zu den Elementarwesen und die Energien der Elemente, um sie damit zu energetisieren. Je nachdem, wen oder was ihr mit der Christusenergie stärken oder heilen wollt. Die Christusenergie ist eine einzigartige Kraft und ein Geschenk an die Menschheit, das wir dankbar annehmen sollten.

Christusheilerin – Christusheiler

Einige Seelen auf Erden sind dazu berufen, als Christusheiler/in zu arbeiten. Sie sind schon lange auf ihrem Weg der Wandlung und wissen um ihre Fähigkeit, das Christuslicht durch sich hindurchfließen zu lassen. Es ist eine Ehre, zum Christusheiler oder zur Christusheilerin auserwählt zu sein. Es sind lichtvolle Menschen, die berufen sind, mit Heilung mit dem Christuslicht und Christusenergie zu arbeiten.

Natürlich kann sich jeder mit dem Christuslicht selbst behandeln, die Christusheiler/innen haben zudem noch die Fähigkeit einer hohen Wahrnehmung und Hellsicht oder Hellfühligkeit, um den Menschen auf dem Weg der Heilung zu helfen. Auch wenn jeder Heiler/in sein möchte, nicht jeder ist dazu berufen, denn er sollte einige Voraussetzungen mitbringen, um diesen Beruf ausüben zu können.

Erdung, Wissen, ausgeprägte Intuition, Weisheit und auch gesunder Menschenverstand sind Voraussetzung für eine professionelle Behandlung mit dem Christuslicht und der Christusenergie. Die Kunst, in der Mitte zu sein, die Kraft in sich zu tragen und auch zu wissen, wann eine Pause eingelegt werden sollte, ist von großer Wichtigkeit, um diesen Weg der Berufung gehen zu können. Die Verbindung zur göttlichen Quelle, zur eigenen Seele und zu Mutter Erde bildet die Basis, die ein Heiler/in für die Behandlung von Mensch und Tier benötigt, um nicht selbst dabei zu viel Kraft zu verlieren.

Auf energetischer Ebene und gerade auf Seelenebene zu behandeln kann jeder für sich selbst ausprobieren, wenn er dafür offen ist. Aber dies ebenso an anderen Menschen auszuprobieren oder regelmäßig anzuwenden, verlangt immer ein gesundes Maß an Selbsteinschätzung, ob man wirklich die Gabe dafür verliehen bekommen hat, dies tun zu dürfen.

Ich möchte euch auf keinen Fall davon abhalten, andere zu behandeln, doch ist es wichtig zu wissen, was man kann – und was nicht. Mediales Heilen wird oft auf die leichte Schulter genommen, aber es müssen eben viele Dinge berücksichtigt werden, um rein und klar arbeiten zu können.

Es gibt zumindest ein Mitglied in der Verwandtschaft, das diese wundervolle Energie durch sich fließen lassen kann, um den anderen Familienmitgliedern damit zu helfen und sie in ihrer Heilung zu unterstützen. Es kann ein Mitglied der engsten Familie sein oder auch ersten und zweiten Grades, dem diese Gabe verliehen wurde. Euch selbst zu behandeln geht aber immer, also lasst euch nicht von der verliehenen Gabe abhalten, euch selbst mit der Christusenergie Gutes zu tun.

Das Christusnetz

Das Christusnetz ist das neue Energiesystem im Körper. Jeder von uns trägt das Christusnetz in sich, seit vielen Jahrhunderten, ja, sogar Jahrtausenden bestehen diese besonderen Energiebahnen in uns. Jetzt befinden wir uns in einem einzigartigen Wandel, der nicht nur die Schwingung der Erde erhöht, sondern auch unsere eigene Körperschwingung. So brauchen wir in diesen besonderen Zeiten eine energetische Vorrichtung, die diesem Anstieg der Energie angepasst ist.

Das Christusnetz besteht aus goldenen Energiebahnen, die sich kreuzen und sich untereinander verbinden, sodass sich Dreiecke daraus bilden. So entsteht eine dreidimensionale Struktur, ein energetischer Körper, der uns in der hohen Schwingung aufrechterhält. Ein perfektes Werkzeug, wenn man so will, um uns auf unserem Weg der Heilung und Weiterentwicklung bestens zu unterstützen.

Das Christusnetz ist gefüllt mit der Christusenergie, der Energie des Neuen Zeitalters. Sie ist der Kristallenergie ähnlich, die ebenso auf Erden strömt, doch nährt sie andere Ebenen und Bereiche. Für uns ist die Christusenergie angenehmer und besser als die Kristallenergie, da sie eine erdende Energie ausstrahlt, die uns auf dem Boden hält, uns aber auch in der Heilung und im Wandel unterstützt. Sie entspricht unserer Körperstruktur mehr als die göttliche Kristallenergie. Da sich beide aber sehr ähnlich sind, spielen sie wunderbar zusammen.

Die Kristallenergie ist einzigartig und für bestimmte Transformationen wichtig, doch kann sie sich nicht als Energiesystem wie das Christusnetz in unserem Körper manifestieren, da wir von Anbeginn an auf Erden von menschlicher Natur waren, es heute noch sind und es auch immer bleiben werden.

Das Christusnetz gibt uns Halt und Sicherheit, wenn wir Altes loslassen. Werden wir mit der Zeit der Wandlung immer freier, brauchen wir einen neuen energetischen Halt, ein neues leichtes System, kein Gerüst aus alten Mustern, Emotionen und abgespeicherten blockierenden Erfahrungen. Das hochschwingende Christusnetz hält uns und lässt uns gleichzeitig frei sein. Es engt uns nicht ein, sondern stärkt uns, es blockiert nicht unsere Energie, sondern lässt sie fließen.

Das Netz birgt so eine einzigartige Kraft und Macht in uns, dass wir es bewusst für unser Leben und unsere Gesundheit einsetzen können. Kraft, um unseren Weg weiterzugehen. Kraft, um Hürden zu nehmen, die uns in den Weg gestellt werden. Kraft, um in die Freiheit gehen zu können, indem wir alles hinter uns lassen, was für uns nicht mehr stimmig ist. Kraft, um die Ursachen für Beschwerden aller Art zu heilen. Für diese Veränderungen in unserem Sein auf Erden brauchen wir die nötige Macht, Sicherheit und auch den Mut, diese anzugehen und zu durchlaufen.

Jesus Christus hat all diese Energien ausgestrahlt, und auch wenn er schwache Phasen des Zweifels und der Angst durchlebte, wusste er um seine Stärke, seine Anbindung an Gott und den Sinn von seinem Weg auf Erden. Das Wissen um seine Kraft und Macht, die der Erde Wandlung brachte, ließ ihn weiterziehen auf seinem Weg, bis er ins Licht gehen durfte.

Für uns alle, wie für Jesus Christus damals, steht eine Aufgabe bereit, die nur wir erfüllen können. Eine Aufgabe für das gesamte Wohl und für unser Seelenwohl. Auch wenn wir ab und an mal denken: Das bringt doch nichts, alleine etwas zu verändern, bewirken wir mit unserem Licht in uns Großes auf der Welt.

Das Christusnetz ist eine wundervolle Energie, die uns dabei hilft, unserer Bestimmung zu folgen und unser Wahres Sein auf Erden kraftvoll zu leben. Öffnen wir uns für diese großartige Energie, die unsere Schwingung immer aufrechthalten wird und uns davor schützt, wieder vollkommen ins Alte abzurutschen.

In jedem von uns schlummert diese einzigartige Kraft, es liegt an euch, das Christusnetz wieder zu aktiveren, um seiner vollen Wirkung den Raum in euch zu geben, der jetzt für euer weiteres Voranschreiten gebraucht wird. Je mehr wir uns auf unser Christusnetz konzentrieren, desto stärker wird es.

Nutzen wir die Energien und Möglichkeiten, die für uns bereit stehen. Das Christusnetz ist ein Geschenk Gottes an uns, an das wir jetzt wieder erinnert werden.

Anziehung der göttlichen Liebe

Das Kapitel heißt „Anziehung der göttlichen Liebe", denn all die Energien, die ich unten aufgezählt habe, strahlen wir mit der Aktivierung unseres Christusnetzes aus. Senden wir diese Energien aus, ziehen wir sie auch wieder in unserem Leben an. Voraussetzung dafür ist, dass wir diese Energien zulassen.

Das Christusnetz strahlt folgende Energien aus:
- Göttliche Liebe,
- irdische Herzensliebe,
- Mitgefühl,
- Weisheit,
- Erkenntnis,
- Wissen,
- Freude,
- Mut,
- Güte,
- Fülle,
- Segen,
- Frieden,
- Heilung,
- Reichtum,
- Macht,
- Zuversicht,
- Vertrauen.

Je näher wir unserem Wahren Sein kommen und es leben, desto kraftvoller wirken all die Energien, die wir mit dem Christusnetz ausstrahlen. Natürlich können wir auch ohne Aktivierung des Christusnetzes all diese wundervollen Energien leben, aber das Christusnetz hilft uns dabei, dass es schneller geht, sie zu erlangen, und es unterstützt uns dabei, die hohe Schwingung dahingehend hochzuhalten.

Christusnetz in uns

Das Christusnetz ist das Energienetz der Neuen Zeit, das jeder von uns in sich trägt. Und ein Energiesystem, das bereits seit vielen Inkarnationen im Körper existiert, aber nicht aktiviert ist. Die Aktivierung findet erst statt, wenn der richtige Zeitpunkt dafür gekommen ist. Das Besondere dabei ist, dass die Aktivierung auf Erden bis vor einigen Jahren noch gar nicht möglich war, weil die Energien hier viel zu niedrig schwangen. Doch nun wird die Schwingung auf Erden stetig erhöht, sodass auch dieses hochenergetische Körpersystem wieder zum Leben erweckt werden kann. Gerade in 2021 und den Jahren danach findet eine starke Schwingungserhöhung auf Erden statt. Neues kommt, Altes geht, auch was unseren Körper auf irdischer und energetischer Ebene betrifft.

Das Christusnetz besteht aus energetischen Linien, die sich in regelmäßigen Abständen kreuzen und durch den Körper laufen. Es ist dreidimensional und erzeugt als Netz ein Abbild unseres Körpers.

Das Christusnetz ist auf der Basis der Platonischen Körper aufgebaut und strahlt die Energie dieser wundervollen kosmischen Formen aus. Platonische Körper sind von göttlicher Struktur und in allem enthalten, was existiert, aber nicht für jeden sichtbar ist. Dazu mehr im Kapitel „Platonische Körper".

Das Christusnetz ist von hoher göttlicher Schwingung und das neue Energiesystem, das wir benötigen, um das Alte in unserem Körper nach und nach gehen zu lassen. Das neue Christusnetz löst das alte Energiesystem ab. Wenn das Christusnetz aktiviert wird, ist es eine Art Gerüst, um den alten Körper in die

Neue Zeit zu tragen, es hält die Energie und Struktur, die für uns in dem Moment stimmig sind, aufrecht. So erschaffen wir einen energetischen Halt, damit wir uns auch in der Neuen Zeit sicher fühlen. Das alte Energiesystem wandelt sich nicht in das neue um, sondern es wird in seiner Energie so abgeschwächt, dass es nicht mehr sichtbar wird. Es ist also nach wie vor vorhanden, aber so gering, dass es keine Rolle mehr spielt. Nur wenn ganz alte Themen auftauchen, die noch mal angeschaut werden müssen, kann das alte Energiesystem kurz aufleuchten.

Das alte Körpersystem ist in seiner jetzigen Form sehr komplex und teilweise auch verworren wahrnehmbar. Dieses System besteht nicht aus den bekannten Meridianen, sondern ist eine eigenständige Struktur, die uns bis jetzt auf unseren Lebenswegen in verschiedensten Inkarnationen begleitet hat. Die Meridiane aber sind Energiebahnen, die uns ebenfalls dabei helfen, in die Neue Zeit zu gehen. Sie werden zwar mit der Präsenz des Christusnetzes nach und nach etwas in ihrer Wirkung nachlassen, dennoch sind sie für unsere Heilung und Entwicklung wichtig. Sie passen sich in ihrer Schwingung dem Christusnetz langsam an und dienen später als Verbindung zu dem alten Energiekörper und seiner Struktur.

Das Christusnetz ist von hoher kosmischer Energie, die aus dem Christuslicht und der Christusenergie besteht. Die Christusenergie ist von ihrer Struktur und Ausstrahlung her ähnlich wie die Kristallenergie, die sich ebenfalls derzeit auf Erden verankert. Das Kristallgitternetz der Erde, das sich nach und nach aufbaut, wird mit dem Christuslicht gefüllt. So entsteht eine Einheit von Kristallenergie und Christusenergie. Beide vereinen sich in der Erde, um die göttlichen Energien hier zu verankern. Die Kristallenergie ist von kristalliner Struktur, die Christusenergie von göttlicher und irdischer Struktur. Deswegen können wir uns zwar mit der Kristallenergie verbinden, aber nicht so mit ihr eins werden wie mit der Christusenergie. Das ist eben das Besondere an der Christusenergie: Sie kann sich auf der irdischen Ebene manifestieren.

Jesus Christus war der Auserkorene, der die Energie des Christusnetzes auf Erden gebracht hat. Mit seinem Sein in der damaligen Inkarnation hat er seine Energie mit der Erdenenergie verbunden und so die Christusenergie auf eine neue Ebene gehoben. Eine Ebene, die nicht nur mit Gott verbunden ist, sondern auch mit Mutter Erde. So bekam die Erde eine neue Schwingung, die sich auf die Menschheit ausgebreitet hat.

Viele Christusnetzes wurden damals in den Körpern der Menschen geschaffen oder, besser gesagt: Sie wurden von Jesus selbst installiert. Dies geschah über die direkte Berührung von Jesus oder über sein Herz und seine Seelenverbindung zu den Menschen.

Es gab aber schon vor Jesus einige Erleuchtete auf Erden, die ein ähnliches Energienetz hatten. Moses und Abraham zum Beispiel trugen Anteile der Christusenergie in sich. Ihre Aufgabe war es, die Menschen und auch ihre Körper auf die hohe Christusenergie von Jesus vorzubereiten. Als Moses auf dem Berg war und die Zehn Gebote empfing, war auch sein göttliches Energienetz aktiv. Mit diesem inneren Netz war es ihm erst möglich, solch eine intensive Verbindung mit Gott aufzubauen. Ähnlich war es bei der Teilung des Meeres beim Auszug aus Ägypten. Moses und Abraham hatten aufgrund ihres Energienetzes eine so starke Verbindung zu Gott, dass sie so die Menschen in ihrem Bewusstsein anheben und Wunder geschehen lassen konnten.

Jesus war auf Erden gekommen und ist zu Christus geworden, als er auferstand. Er wurde zu Jesus Christus und kennt somit durch seine Erfahrung der Inkarnation und seine Auferstehung in den Himmel alle Ebenen, die von Gott zur Erde führen und umgekehrt. Er kennt die Sorgen und Nöte der Menschen, weiß aber auch um die Energien Gottes, die durch seine Hände und durch sein Gesamtes Sein flossen, um die Menschen zu heilen. Er trägt die Sichtweise Gottes in sich. So ist es auch mit dem Christusnetz in uns: Wir erhalten dadurch ein neues Bewusstsein über das allmächtige göttliche Wissen, das wir aus einer höheren Warte aus erkennen und zugleich in uns wahrnehmen können.

Das Christusnetz trägt die Liebe, die Erkenntnis, die Heilung und die Weisheit von Jesus Christus in sich. Es ist aber nicht so, dass wir dann nach und nach zu Jesus Christus werden, sondern unser Christusnetz geht in Resonanz mit unserer Liebe, unserer Erkenntnis, unserer Heilung und Weisheit und potenziert all diese wundervollen Energien und lässt sie aus uns heraus erstrahlen. Das Christusnetz stärkt die Individualität und Einzigartigkeit eines jeden. Wenn jeder von uns diese wunderbaren Energien lebt, dann fügt sich alles zu einem Großen Ganzen zusammen. Jeder lebt dann die Bestimmung, für die er auf Erden gekommen ist. Wie wundervoll!

Aber bis es soweit ist, gehen noch ein paar Jahre ins Land. Das Gute daran ist, wir können jetzt schon einige Möglichkeiten nutzen, die uns Gott gegeben hat, wie zum Beispiel das Christusnetz.

Christusnetz bei Kindern

Kinder, die eine hohe Schwingung aufweisen, haben bereits ein aktiviertes Christusnetz. Es kann sein, dass man es vielleicht kurz mit einer kleinen Aktivierung antriggern muss, aber im Grunde genommen ist es bereits aktiviert. Gerade Kinder der Neuen Zeit sind Träger des aktivierten Christusnetzes, und das sind zum Beispiel Kinder wie die:

- Kristallkinder,
- Delfinkinder,
- Einhornkinder,
- Drachenkinder,
- Regenbogenkinder,
- Diamantkinder,
- Sonnenkinder.

Kinder der Neuen Zeit sind Kinder, die die göttliche Weisheit bereits in sich tragen und diese auch aussprechen und leben möchten – wenn man sie lässt. Sie weisen eine hohe Schwingung und eine starke Wahrnehmung auf, oft sind sie auch hellfühlig, hellsichtig oder hellhörig. Dies gilt es herauszufinden, um sie bestmöglich auf ihrem Weg zu unterstützen und dahingehend zu fördern.

Aber auch bei Kindern mit Schwächen, wie:

- Leserechtschreibschwäche,
- auditive Wahrnehmungsstörung,
- Asperger-Syndrom,
- Dyskalkulie,

- Autismus,
- ADHS/ADS,

können bereits ein aktiviertes Christusnetz aufweisen. Ich sage bewusst *können*, weil ich in meiner 20-jährigen Praxiserfahrung erkannt habe, dass nicht jedes Kind mit einer Schwäche automatisch ein Kind der Neuen Zeit ist. Aber die Tendenz dazu, dass es so ist, besteht auf alle Fälle.

Bei Indigokindern, die zwischen 1970 bis 2000 geboren sind, wäre es gut, eine ausführliche Aktivierung vorzunehmen. Die Vorgehensweise unterscheidet sich dann nicht von der normalen, wie sie hier später beschrieben wird.

Christusnetz der Tiere

Auch die Tiere tragen ein Christusnetz in sich.

In einigen Tieren ist es bereits aktiviert, denn sie sind von Haus aus von hoher Schwingung. Das sind zum Beispiel Tiere, die in Freiheit leben können, wie Katzen, Schmetterlinge, Vögel, Waldtiere, Steppentiere und so weiter. Bei Tieren in Wohnungen, in Käfigen, wie auch Nutztiere und Tiere in Zoos, sind die Christusnetze nicht aktiviert, aber existent. Wenn wir ihr neues Energiesystem aktivieren würden, bekämen sie einen seelischen Kollaps, denn sie würden dann bewusst erkennen, dass sie eingesperrt sind und es keinen wirklichen Ausweg aus ihrer Situation gibt. Für Zootiere und alle anderen eingesperrten Tiere wäre das eine besondere Herausforderung, wie auch für die Pfleger und Halter selbst, denn ein aktiviertes Christusnetz strahlt solch eine hohe Schwingung aus, dass sich die Tiere für die Freiheit entscheiden würden, was wiederum bedeuten würde, sich für den Gang ins Licht zu entscheiden. Es wäre also nicht so gut, wenn wir von uns aus im Zoo, also vor Ort oder aus der Ferne, ihre Christusnetze nacheinander aktivieren würden. Denn ihre Aufgabe ist es, die reine Kraft und ihre spirituelle Bedeutung, also das, wofür sie stehen, den Menschen näherzubringen, unabhängig davon, ob es jetzt gut ist, Tiere einzusperren.

Natürlich ist das nicht gut, und wir sollten alles daran setzen, dass nicht weitere Tiere leiden müssen, aber auch die bereits eingesperrten Tiere haben einen Lebensplan hier auf Erden, dem sie folgen, so schwer das auch für uns sein mag, das anzunehmen. Zu den Zoos zähle ich auch Zirkusse, Delfinarien, Tanzbären und verwahrloste eingesperrte Tiere.

Nutztiere, wie Kühe, Schweine, Puten, die für die Milchproduktion oder auch Fleischproduktion gehalten werden, schwingen niedriger, weil sie in ihrem Wert verkannt werden. Bei Hühnern ist das anders, sie stehen für die Erneuerung, und so haben sie auch die Fähigkeit, sich selbst immer wieder zu erneuern, sodass das Christusnetz immer aus ihnen erstrahlt. Bei eingesperrten Hühnern in Legestationen ist das nicht der Fall, dort haben sie zu wenig Lebensraum, um ihre Kraft ausbreiten zu können. Aber auch bei vereinsamten, verwahrlosten Katzen, die nicht ins Freie können, Hunde, die keinen liebevollen Besitzer haben –, bei ihnen allen ist das Christusnetz oft nicht aktiviert. Und wenn es doch aktiviert ist, dann nur sehr, sehr schwach. Hunde werden oft von Menschen missbraucht. Das Ego der Menschen möchte Macht ausüben, aber das bekommt den Hunden nicht. Aktivieren wir bei ihnen das Christusnetz, gibt es die Möglichkeit der Wandlung bei ihren Besitzern. Bei Pferden ist das ähnlich.

Bei Katzen ist es etwas anders: Sie sind von Natur aus Heiler, und wenn die Gefahr bestehen sollte, dass sie durch den Straßenverkehr sterben könnten, weil die Wohnung oder das Haus zu ungünstig an einer befahrenen Straße liegt, wäre es besser, sie im Haus zu lassen, um ihnen ihren Weg des Heilers zu ermöglichen. Bei Katzen ist das Christusnetz immer aktiviert, wenn sie jemanden haben, der sich um sie kümmert und ihnen genug Aufmerksamkeit schenkt.

Bei Haustieren an sich ist es wichtig, dass ihr Christusnetz immer aktiviert und energetisiert ist, weil sie oft Energien, wie Leid, Sorge und Krankheiten von ihren Besitzern aufnehmen. Um diese wandeln zu können, brauchen die Tiere ein starkes Energiesystem. Es ist die reine göttliche Hingabe und bedingungslose Liebe einer Katze, wenn sie auf diese Weise ihrem Besitzer helfen kann, leichter seinen Weg zu gehen.

Das Christusnetz der Tiere wird in der Mitte ihres Körpers aktiviert, nicht wie bei den Menschen über die beiden Christuspunkte auf den Fußsohlen. Die Aktivierung geht zwar genauso vonstatten wie beim Menschen, nur eben über den Christuspunkt in der Mitte des Körpers: Es ist sozusagen der Zentrumspunkt. Die einzelnen Organe haben ebenfalls eigene Christusnetze, die individuell aktiviert werden können. Auch bei der Behandlung von Tieren gilt es immer, der eigenen Intuition und Wahrnehmung zu folgen, um dem Tier die bestmögliche Heilung und energetische Unterstützung zu geben.

Christusnetz, Christusenergie und Kristallgitternetz der Erde

Es gibt in dem Sinne kein eigenes Christusnetz der Erde, das in sich abgeschlossen ist und für sich allein steht. Das wundervolle Kristallgitternetz ist in der Erde zu finden und breitet sich, wie das Christusnetz im Körper, als dreidimensionales energetisches System in der Erde aus und ähnelt einem energetischen Einkaufsnetz, das aus Dreiecken besteht und sich unter der Erdoberfläche aufgespannt hat. Die Dreiecke bilden die Verbindungspunkte für die jeweilgen Energielinien. Die Kristallenergie ist in dieser Struktur der Christusenergie sehr ähnlich. Beide Netze sind nicht genau gleich, ihre Schwingung ist jedoch ähnlich, weshalb sie sich ebenso den jeweiligen Schwingungsanhebungen anpassen können. Auch wenn die Energie mal sinken sollte, bleiben diese Netze bestehen.

Die Christusenergie fließt von der göttlichen Quelle aus in die Erde und dann in das Kristallnetz hinein. Wenn allerdings das Christusnetz in einem von uns aktiviert ist, fließt die Christusenergie zuerst über uns in die Erde hinein. Die Christusenergie wird sozusagen über uns, den Menschen, in das Kristallgitternetz eingespeist. So bildet sich eine gemeinsame Energie von Kristallenergie und Christusenergie in der Erde. Je mehr die Christusnetze in den Körpern der Menschen aktiviert sind, desto fester wird die Christusenergie im Kristallnetz und in der Erde verankert. Zudem wird ihre Kraft auch nach oben hin, also auf die Erdoberfläche, stärker, das heißt: Nicht nur von oben, sondern auch von unten aus wird die Christusenergie auf Erden immer kraftvoller.

Die Meerstiere, wie Wale, Delfine, Haie und Schildkröten, um nur einige zu nennen, orientieren sich derzeit noch stark am Magnetfeld der Erde, aber sie lernen es nach und nach, wenn das Kristallnetz in der Erde immer stärker wird, sich an diesem auszurichten. Das Magnetfeld der Erde wird mit den Jahren an Energie abnehmen, wie das schon vielerorts erkannt wurde. Und dann brauchen die Tiere ein neues Navigationssystem, und zwar das Kristallgitternetz der Erde, das sie leitet und führt. Das gilt auch für die Tiere an Land, die sich stark an den Energielinien der Erde orientieren. Elefanten zum Beispiel, oder auch Katzen, Libellen, Schmetterlinge und Vögel, orientieren sich daran, besonders für die Zugvögel sind die Energielinien der Erde äußerst wichtig. Die Energielinien der Erde sind von Haus aus sehr hochschwingend und harmonieren gut mit den Kristallenergielinien. Sie bleiben daher bestehen.

Für uns Menschen dient das Kristallgitternetz, gefüllt mit der Christusenergie, als Erdungs- und Wandlungshelfer. Früher haben wir uns mit unseren energetischen Wurzeln mit Mutter Erde verbunden. Nun können wir uns vorstellen, wie unsere Wurzeln sich in Energielinien wandeln und direkt am Kristallgitternetz andocken. Über diese Verbindung haben wir eine gute Basis und können uns so die Kraft dieses kristallinen Gitters zu uns hochziehen, wenn wir sie benötigen. Wir haben ebenfalls die Möglichkeit, alte Energien, die wir loslassen möchten, in das Kristallgitternetz abzugeben, damit sie dort gewandelt werden. Das Kristallgitternetz der Erde ist eine wundervolle Energie und geniale Unterstützung für unser Wahres Sein in unserem Leben.

Kristallgitternetz und die Tiere

Mit dem Kristallgitternetz der Erde müssen die Tiere nicht verbunden werden, da sie ständig mit ihm in Kommunikation stehen. Tiere wie Elefanten, Wale, Delfine, Haie oder Greifvögel orientieren sich immer mehr an dem Kristallgitternetz, da das herkömmliche Magnetfeldgitternetz der Erde langsam in seiner Wirkung nachlässt, was mit der Schwingungserhöhung und der daraus resultierenden Veränderungen der Erde zu tun hat. Das Kristallgitternetz löst somit das alte Magnetfeldgitternetz nach und nach ab.

Tiere haben eine sehr starke Seelenkraft. Sie sind über ihre Seele mit Gott verbunden und haben nur noch wenig alte Muster, die sie leben. Ihr Wesen, ihr Wahres Sein, ihre Seele und Reinheit erstrahlen aus ihnen selbst.

Tiere sind einzigartige Wesen, und jedes von ihnen trägt eine besondere Bedeutung in sich und sendet diese durch seine eigene Kraft aus, damit die Menschen von ihnen lernen können. Was für ein Glück, solche großartigen Lebewesen auf Erden zu wissen.

Eigenschwingung erhöhen

Das Christusnetz – sowohl auf Erden, wie auch in uns – bewirkt, dass sich unsere Eigenschwingung stetig erhöht. Warum ist das so wichtig?

Dieses Netz erschafft sich auf Erden gerade eine Ebene, die von höherer Energie getragen ist. Alle Menschen, die sich stetig weiterentwickeln, sei es durch reine Erkenntnis, Erfahrungen oder stete spirituelle Arbeit, lösen sich nach und nach von den Energien des alten Bewusstseins ab. Dadurch werden sie freier und zugleich höher schwingend. Um die eigene Spiritualität und das immer stärker werdende Wahre Sein in uns auf Erden auch leben zu können, ist eine immerwährende erdende, aber zugleich hochschwingende Energie in unserem Körper wichtig. Eine Energie wie das Christusnetz, das uns neue Sicherheit und Geborgenheit gibt, verleiht uns die nötige Erdung und bietet uns die Möglichkeit, Altes freizulassen, ohne jedoch den Halt zu verlieren.

Die Erhöhung der Eigenschwingung ist zudem wichtig, um in unserem Körper die Bereiche, die noch im Dunkeln liegen, nach und nach zu erhellen und sie mit Licht zu füllen. Diese dunklen Bereiche sind verborgene Regionen, die wir nicht leben oder nicht ansehen möchten. Doch diese sind wichtig, um unseren ganzen Körper in eine lichtvolle Energie zu bringen.

Dunkle Bereiche können folgende Ursachen haben:

- Willentlich weggedrückte Energien, die wir nicht leben wollen oder nicht leben können,
- unbewusste abgekapselte Energien, wie alte Emotionen, Traumata, seelische Verletzungen,

- blockierte Energien, die mit der Zeit verhärten und so eine dunkle Farbe annehmen,
- leere Energien. Das sind Energien in geschlossenen Räumen, in die kein Licht kommt,
- abgekapselte Seelenanteile, die nicht genährt werden,
- Bereiche wie das Wahre Sein, die Seele, die Würde, den Selbstwert, die wahre Schönheit, der innere Schatz, die Herzensliebe, um nur einige zu nennen, können bewusst von uns verdeckt werden, damit sie nicht von außen gesehen werden,
- Muster wie „Angst haben, sich so zu zeigen, wie man wirklich ist."

In all diese Bereichen können wir die Christusenergie einfließen lassen, um sie mit Liebe und Licht zu füllen. Dunkle und energiearme Bereiche können dazu führen, dass sich genau an diesen Körperstellen die fehlende Energie in Form einer körperlichen Beschwerde oder auch einer Krankheit entwickelt. Ihr braucht jetzt aber keine Angst zu haben, wenn ihr nicht um diese energiearmen Bereiche wisst, da sich diese Beschwerden immer genau dann zeigen, wenn sie gesehen werden wollen, damit ihr Zeit und Kraft habt, in die entsprechende Erkenntnis und Heilung zu gehen. Für das Erkennen der Ursachen auf seelischer und energetischer Ebene ist ein gewisses Bewusstsein nötig – ein Bewusstsein, dass ihr die Wahrheit wirklich sehen *wollt*. Ein Bewusstsein, das erkennen möchte, was hinter der Beschwerde steckt.

Für unsere spirituelle Entwicklung, wie auch für die Heilung auf Körperebene, auf energetischer, seelischer und geistiger Ebene ist eine Erhöhung der Eigenschwingung unerlässlich, und dabei hilft uns das aktivierte Christusnetz.

Warum ist es so wichtig, das Christusnetz in uns zu aktivieren

Der Körper benötigt ein neues Energiesystem, denn auch der Körper transformiert und wandelt sich in die Schwingung der Neuen Zeit. Er verändert sich von seiner Energie her, transformiert sich langsam, um sich den neuen, kosmischen Energien, die stetig auf Erden strömen, anpassen zu können. Bei dieser Veränderung des Körpers werden uns alte Muster und Ursachen von körperlichen und seelischen Beschwerden gezeigt, damit wir sie erkennen und wandeln können. Dieser Vorgang ist für unsere spirituelle Entwicklung und Bewusstseinsöffnung immens wichtig.

Unser Körper hilft uns also dabei, uns auf die körperlichen und seelischen Beschwerden aufmerksam zu machen und macht uns damit deutlich, dass etwas nicht mehr in der göttlichen Ordnung ist, und gibt uns somit Hinweise, wo wir näher hinschauen sollten, um die Ursachen für auftretende Beschwerden und Krankheiten auf der Seelenebene zu erkennen und dann zu lösen. Von daher dürfen wir dankbar sein, dass unser Köper uns dabei hilft, uns stetig weiterzuentwickeln.

Die körperlichen oder seelischen Beschwerden müssen nicht immer schwerwiegende Symptome mit sich tragen, es kann auch „nur" ein akuter Schnupfen oder vorübergehende Verdauungsprobleme sein. Aber es ist wichtig, dass wir uns diese Krankheit oder Beschwerde näher ansehen und der Sache auf den Grund gehen. So können wir nach und nach erkennen, wo wir nicht nach unserem Herzen leben und alte Verletzungen, Entscheidungen und Muster noch wirken. Es können aber auch schwerwiegende Krankheiten sein, bei denen sich die Seele durch den Körper bemerkbar macht, wenn das Innen mit dem Außen nicht mehr harmoniert. Es gibt bereits viele Bücher über die seelische Bedeutung der einzelnen Krankheiten auf Seelenebene, deswegen gehe ich hier jetzt nicht näher darauf ein.

Das Christusnetz ist ein göttlicher Halt auf Erden, eine energetische Sicherheit, die uns Geborgenheit, Kraft und Zuversicht gibt, und es zu aktivieren ist ein wunderschönes Gefühl.

Was bietet uns das Christusnetz, außer Geborgenheit, Sicherheit, Halt und Kraft noch? Warum sollten wir es in uns aktivieren? Welche Gründe bewegen uns dazu, dies zu tun?

Das Christusnetz bietet uns die folgenden Möglichkeiten, wenn wir uns auf eine Aktivierung einlassen:

- Eine schnellere Heilung bei Krankheiten und akuten Beschwerden,
- eine schnellerer Bewusstwerdung,
- die Kraft unserer Mitte stärken,
- innere Stabilität aufzubauen und zu halten,
- es wirkt mit seiner Christusenergie ständig auf unseren Körper ein und hält uns in der hohen Schwingung,
- es fördert eine ständige Verbindung zur Christusenergie und zur göttlichen Quelle,
- eine Stärkung unserer Gesundheit,
- es sorgt für einen engen Kontakt mit unserer Seele,
- für eine intensive Kommunikation mit Jesus Christus,
- für innere Zufriedenheit, Glück und mehr Freude in unserem Leben,
- es stärkt unser Wahres Sein,

- es setzt Informationen, die uns auf unserem Weg weiterbringen,
- wir dürfen neue Erkenntnisse erlangen,
- es stärkt unsere Verbindung zur göttlichen Ebene, zu unserer Seele und zur Erde.

Die Christusenergie schwingt auf derselben Ebene wie die Kristallenergie. Beide Energien sind sich ähnlich und zeugen von der neuen kosmischen Energie, die langsam auf Erden strömt.

Schnellere Heilung bei Krankheiten und akuten Beschwerden

Das Christusnetz erstrahlt in einer sehr hohen Energie der Siebten und Achten Dimension, trägt aber auch das irdische Wissen und die Erdenkraft in sich. Das macht das Christusnetz so einzigartig, verbunden mit Gott, mit der Siebten und Achten Dimension, der Körperebene und mit Mutter Erde. Diese Kraft, die in diesem Netz fließt, strahlt immerwährend in unseren Körper, wobei diese stete Energetisierung bewirkt, dass energetische Blockaden im Körper sich nach und nach von selbst auflösen. Diese besondere Unterstützung durch das Christusnetz lässt die Heilung von Krankheiten und Beschwerden, sei es auf körperlicher oder seelischer Ebene, schneller geschehen. Der normale Körper wird so auf geniale Art und Weise von seinem eigenen, neuen Energienetz gestärkt.

Schnellere Bewusstwerdung

Das Christusnetz motiviert sozusagen unsere spirituelle Weiterentwicklung. Das göttliche Wissen, das in dem Christusnetz gespeichert ist, wirkt auf unser ganzes Sein. Vorausgesetzt, wir öffnen uns dafür.

Das Wissen wird dann freigeschaltet, wenn wir bereit dafür sind. Man kann sich das so vorstellen, dass die Dosis an Wissen, die wir gut in dem Moment aufnehmen und verarbeiten können, zum richtigen Zeitpunkt vom Christusnetz freigesetzt wird. Dabei wird immer darauf geachtet, dass auch wir dafür bereit sind. Diese Freisetzung von göttlichem Wissen kann dazu führen, dass eine für uns wichtige Erkenntnis aktiviert wird, und durch diese kann es sogar sein, dass wieder ein Stückchen Energie oder auch ein Seelenanteil in uns freigeschaltet wird, die blockiert waren. Das Christusnetz ist ein eigenständiges Energiesystem, das langsam eins mit unserem Körper wird und somit eine schnellere Bewusstwerdung möglich macht.

Die Kraft unserer inneren Mitte stärken

Gerade in diesen aufregenden und auch aufwühlenden Zeiten ist es wichtig, dass wir lernen, in unserer Mitte zu bleiben. Sind wir in unserer Mitte, entsteht ein immerwährender Fluss an Kraft. Und diese Kraft brauchen wir, um das Leben zu meistern, um unser Bewusstsein weiterzuentwickeln und auch, um unser Wahres Sein leben zu können.

Oft kann es geschehen, dass wir aus der Mitte fallen, zum Beispiel durch:

- Situationen, die uns an Verletzungen erinnern,
- respektloses Handeln anderer uns gegenüber,
- unvorhersehbare Rechnungen oder finanzielle Ausgaben,
- Jobverlust,
- Kritik von anderen an uns,
- enttäuschte Liebe,
- Missbrauch aller Art,
- extreme Armut,
- zu viel Reichtum,
- und, im schlimmsten Fall, einen tragischen Verlust eines lieben Menschen,
- und vieles mehr.

Auch wenn wir uns über andere aufregen oder empört über ihr Verhalten sind, kann uns das schwächen und uns aus der inneren Mitte bringen. Aber das Christusnetz hilft uns dabei, unsere innere Mitte nie ganz zu verlieren. Es stärkt uns, es hält uns. Es unterstützt uns in neuen Verhaltensweisen und positiven Gedanken. Und da das Christusnetz mit dem Kristallgitternetz der

Erde verbunden ist, können wir nicht vollkommen aus unserer Mitte herausfallen. Dennoch sind wir vor unvorhergesehenen Ereignissen nie gefeit, weshalb es gut ist, wenn wir immer mal wieder nachprüfen, ob wir noch in unserer Mitte sind.

Innere Stabilität aufbauen und halten

Unsere Stabilität ist ähnlich wie unsere Mitte, umfasst jedoch unseren ganzen Körper und unser Sein.

Diese innere Stabilität ist in zwei energetische Säulen aufgeteilt, die von den Fußsohlen durch den Körper nach oben zu den Schultern fließen und uns beim aufrechten Stehen und Gehen unterstützen. Das Christusnetz stärkt diese innere Stabilität und verbindet uns gleichzeitig mit der irdischen und göttlichen Ebene. So entsteht eine wundervolle Einheit all unserer Ebenen in unserem Leben.

Innere Stabilität hängt von unserem Selbstwert, unserem Bewusstsein, unserem Glauben an uns, unserer Würde und auch Selbstachtung ab. Je mehr wir hinter uns selbst stehen, desto stärker sind wir auch in unserem Innern. Und das Christusnetz stärkt alle diese Bereiche.

Die Christusenergie wirkt ständig auf unseren Körper und hält uns in der hohen Schwingung

Wenn unser Christusnetz aktiviert ist, wird unser Körper ununterbrochen mit der Christusenergie genährt.

Auch wenn wir uns dessen nicht bewusst sind, strahlt das Christusnetz in uns und versorgt damit alle Bereiche unseres Körpers. Sind die Organe ebenfalls in ihrem Christusnetz aktiviert, werden auch diese ständig mit hoher Energie genährt.

Das Christusnetz ist also ein Zusammenschluss in dreidimensionaler Form, und so fließt die Christusenergie in unseren ganzen Körper und hält so unsere Schwingung hoch. Selbst wenn wir etwas erleben, das unsere Schwingung sinken lässt, werden wir nie wieder in die tiefen Schwingungen der Dritten Dimension geraten, da dieses unser aktiviertes Christusnetz nicht zulässt. Es ist sozusagen auch ein Schutz, dass wir unsere hohe Schwingung, zum Beispiel durch alte, noch bestehende Muster in uns oder durch Ereignisse im Außen, nicht verlieren können. Unsere Eigenschwingung bleibt auf einem Niveau, auch wenn sich die Schwingung etwas absenken sollte.

Und wir selbst können ebenfalls zu einer Schwingungserhöhung beitragen, wenn wir zum Beispiel meditieren, in der Natur spazieren gehen, etwas tun, was uns Freude bereitet, oder auch Sport treiben, wie zum Beispiel schwimmen, laufen und vieles mehr.

Ständige Verbindung zur Christusenergie und zur göttlichen Quelle

Das Christusnetz strahlt die Christusenergie aus und verbindet uns so mit der göttlichen Quelle – und das nun mehr denn je – und energetisiert die Erde, ihre Bewohner und die Natur.

Um uns herum verankert sich die Christusenergie immer stärker. Ist das Christusnetz aktiviert, geht es auch in Resonanz mit den um uns herum existierenden Christusenergien. So werden wir automatisch auch von außen in unserem neuen Energiesystem gestärkt und erfahren ganz neue Dinge, die wir uns so nie vorgestellt haben. Gleichzeitig trägt unser Christusnetz eine Verbindung zur göttlichen Quelle in sich, das heißt: Wir sind immer direkt mit ihr verbunden, auch wenn wir es vielleicht anfangs nicht spüren können.

Mit anderen Worten: Wir sind direkt mit Gott, der göttlichen Quelle, verbunden und können uns aus dieser wunderbaren göttlichen Essenz alles „herunterladen", was wir für unseren Weg auf Erden brauchen. Das kann zum Beispiel kosmisches oder göttliches Wissen sein, Ideen oder direkte Hilfe und Unterstützung. Das bedeutet: Letztlich können wir alles downloaden, was wir benötigen, denn die göttliche Quelle ist das Höchste all dessen, was existiert. Mit der Aktivierung unseres Christusnetzes erschaffen wir so eine geniale göttliche Unterstützung in unserer jetzigen Inkarnation.

Stärkung der Gesundheit

Unser Körper wird von dem neuen Christusnetz immerwährend energetisiert.

Die Christusenergie wirkt auf einer höheren Ebene als unser Körper, der noch in der Dritten Dimension schwingt. Unser Körper jedoch transformiert sich ständig, und sein Ziel ist es, sich der höher werdenden Schwingung auf Erden anzupassen. Es ist also ein steter Wandel im Gange, der uns manchmal bewusst ist, aber eben nicht immer. Deswegen ist es wichtig, so oft wie möglich in die Stille zu gehen, um unserem Körper Aufmerksamkeit zu schenken. Die Aufmerksamkeitsübung ist die schnellste Übung, um unseren Körper zu stärken und auch in seiner Schwingung anzuheben, sodass wir die Energie unseres Christusnetzes bestmöglich nutzen und in uns fließen lassen können. Wenn wir uns der Christusenergie öffnen und diese Öffnung beibehalten, wird alles leichter. Spüren wir jedoch noch Blockaden, die ein vollkommenes Eins-Werden mit dem Christusnetz verhindern, dann sollten wir da genauer hinsehen, um die Ursachen für dieses Zögern zu erkennen und zu wandeln.

Das aktivierte Christusnetz sendet uns göttliche Energien, sodass unser Wahres Sein, unsere Seelenkraft, die Energiezentren, unsere Chakren und unser Körper zu jeder Zeit von ihm gestärkt werden. Zu jeder Zeit! Ist das Christusnetz erst einmal aktiviert, bleibt es aktiviert. Blockaden im Christusnetz selbst existieren nicht. Das Einzige, was passieren kann, ist, dass es von seiner Energie her schwächer wird und irgendwann nicht mehr auf uns wirken kann. Das geschieht aber nur, wenn wir uns von Christus und unserem Wahren Sein langsam entfernen oder bewusst abwenden.

Verlieren wir einmal die klare Sicht auf unserem Weg oder nehmen eine Abzweigung, ist das ein Lernprozess, aber keine Entscheidung gegen die Christusenergie in uns. Wir werden dann nach einiger Zeit, wenn der Lernprozess abgeschlossen ist, von selbst wieder auf den ursprünglichen Weg zurückgelangen.

Enger Kontakt zu unserer Seele

Das Christusnetz schwingt in einem dreidimensionalen Netz in uns, was auch heißt, dass unsere Seele von diesen Energiebahnen umgeben ist. Sie berühren sich zwar nicht, aber das Umfeld unserer Seele wird durch die Aktivierung des Christusnetzes in seiner Energie angehoben. So erhalten wir die Möglichkeit, uns leichter mit unserer Seele zu verbinden. Die Verbindung zur Seele wird dann einfacher, vorausgesetzt, wir üben regelmäßig die Kontaktaufnahme mit ihr.

Wenn wir uns beim Einatmen allein mit unserer Vorstellungskraft mit unserer Seele verbinden, bedarf es normalerweise sehr viel Zeit, bis wir diese Verbindung auch wirklich wahrnehmen können. Mit der Aktivierung des Christusnetzes wird uns diese Wahrnehmung erleichtert.

Die bewusste Verbindung zu unserer Seele ist sehr wichtig, damit wir ihre Kraft in unserem Leben umsetzen und nutzen können. Mehr zu dem Thema „Seele" könnt ihr in meinem Buch *„Die Kraft der Seele freischalten für ein glückliches und erfolgreiches Leben"* lesen, ebenfalls im Smaragd Verlag erschienen.

Intensive Kommunikation mit Jesus Christus

Natürlich ist durch die Aktivierung des Christusnetzes auch die Verbindung zu Jesus Christus intensiver. Das Christusnetz strahlt die Christusenergie aus und verbindet uns so mit ihm. Während der ganzen Behandlung mit der Christusenergie begleitet er uns und den/die zu Behandelnden und hilft uns, wenn wir Ideen und Impulse für die Behandlung brauchen oder auch für einen extra Schub Christusenergie.

Aber auch wenn wir nicht behandeln, begleitet uns Jesus Christus immer. Manchmal nehmen wir ihn bewusst wahr, manchmal nicht. Aber er ist immer bei uns. Christus hat gesagt: *„Denn wo zwei oder drei versammelt sind in meinem Namen, da bin ich mitten unter ihnen."*

In der heutigen Zeit, in dem momentanen Wandel, ist Jesus immer bei uns, wenn wir das möchten, egal, ob wir zwei oder drei sind, die sich treffen oder wir alleine sind. Jesus Christus steht uns immer zur Seite, und wir können ihn auch alles fragen. Er ist für uns da!

Innere Zufriedenheit, Glück und mehr Freude in unserem Leben

Je länger das Christusnetz in uns strahlt, desto näher gelangen wir an unsere innere Zufriedenheit, in der wir uns glücklich fühlen.

Dabei ist Glück nur eine Momentaufnahme unseres Lebens, welches der Zufriedenheit, dem Vertrauen und der Gelassenheit entspringt. Das Christusnetz erhöht stetig unsere Eigenschwingung, sodass auch die Ursachen für das Gefühl des Unglücklichseins, Unzufriedenheit, Traurigkeit und Mangel sichtbar werden.

Wenn wir das Christusnetz aktivieren, sollte uns allerdings bewusst sein, dass wir uns in einer steten Transformation befinden. Das mag sich für uns manchmal anders anfühlen, denn es gibt scheinbare Pausen zwischen den einzelnen Transformationen, doch befinden wir uns in stetigem Wandel, denn bei einem aktivierten Christusnetz gibt es keine Pausen. Es kann sogar vorkommen, dass sich anfangs mehr ungelöste Themen zeigen als normal. Aber seid beruhigt, das wird mit der Zeit weniger, und letztendlich überwiegt das Gefühl, die Pausen zwischen den Heilungen wären länger als zuvor. Dennoch fließt die Christusenergie ständig in uns weiter. Mit der Zeit werden die Bereiche in uns, die für Zufriedenheit, Glück, Liebe, Freude und so weiter zuständig sind, kraftvoller und verstärken letztlich diese wundervollen Energien in unserem Leben immer weiter.

Stärkung unseres Wahren Seins

Das Christusnetz stärkt unser Wahres Sein, das sich in unserer Mitte befindet – also die Energie, die vor der Seelenenergie liegt und dafür zuständig ist, dass wir die Seelenenergie in unserem Alltag leben können. Diese Seelenenergie schwingt sehr hoch und ist kaum zu greifen. Sie birgt die größte Kraft in uns. Ohne sie könnten wir nicht leben.

Das Wahre Sein ist eine Energie, die sozusagen die Seelenenergie sichtbar werden lässt, indem wir im Außen in die Handlung gehen. Oft entscheiden Menschen nicht aus ihrem Wahren Sein heraus, da sie es verlernt oder es vorgezogen haben, das Ego zu leben. Das Wahre Sein ist im alltäglichen Leben sichtbarer als die reine Seele. Das heißt: Die Seele wirkt sozusagen durch unser Wahres Sein. Die Seelenenergie selbst ist in unseren Augen erkennbar, in denen man sehen kann, wie weit die Seele nach außen geöffnet ist. Das Wahre Sein dagegen könnt ihr erkennen, wenn jemand authentisch handelt und lebt.

Und irgendwann kommt der Zeitpunkt, an dem sich Seelenenergie und Wahres Sein vereinen, und das Christusnetz ist es, das das Wahre Sein mit seiner ganzen Kraft und Wirkung energetisiert. Wenn ihr sagt: „Folge deinem Herzen", dann ist das eine Vorstufe zu: „Folge deinem Wahren Sein".

Der Mensch braucht bestimmte Entwicklungsphasen, die jeder nach seiner eigenen Geschwindigkeit durchläuft.

Zuerst lernt er, auf sein Herz zu hören. Und mit der Zeit spürt er mehr und mehr sein Wahres Sein und handelt in diesem Sinne. Danach lernt er es dann, eine Verbindung zu seiner Seele aufzubauen, um mit ihr kommunizieren zu können, denn mit dem eigenen Wahren Sein selbst können wir nicht kommunizieren, es ist *nur* eine Energie, die zwischen Seele und dem tatsächlichen Leben vermittelt.

Unser Wahres Sein ist eine wundervolle Energie: warm, groß, hell, stark, neutral, direkt und klar. Durch das Christusnetz wird es automatisch gestärkt, und so können wir es leichter in unseren Entwicklungsschritten und Prozessen leben.

Informationen werden freigesetzt, die uns auf unserem Weg weiterbringen

Das Christusnetz strahlt die göttliche Energie aus und füllt uns immerwährend mit ihr. Auch die verborgenen Bereiche in uns werden mit ihr erhellt. Werden dunkle Bereiche oder Räume erhellt, sehen wir, was sich darin verbirgt; können jetzt die Informationen in diesem Raum wahrnehmen. Gerade wenn wir uns mit einem wichtigen Thema beschäftigen, helfen uns diese Informationen sehr, die Ursache zu finden, warum dieser Bereich verschlossen ist, sie aufzulösen und diesen Bereich mit neuem Leben zu füllen.

Oft handelt es sich dabei um Bereiche, in denen Macht, Liebe, Freude, Selbstwert, innere Schönheit und Vertrauen in uns verborgen liegen, die wir noch nicht vollkommen leben.

Empfangen von Erkenntnissen

Erkenntnisse sind plötzlich aufkommende Bilder, Ideen oder Worte, die in unseren Gedanken auftauchen und uns nähere Zusammenhänge zu bestimmten Verhaltensweisen, Handlungen und Situationen erkennen lassen. Eine Erkenntnis wirkt manchmal mehr, als wenn wir das Thema, das uns zurzeit beschäftigt, mit all unserem Sein durchleben, um es auflösen zu können. Und solch eine Erkenntnis kann in wenigen Sekunden Probleme und Blockaden in Licht wandeln.

Und da die Christusenergie, wie wir inzwischen wissen, mit der göttlichen Quelle verbunden ist, sind wir es auch und potenzieren sozusagen die Verbindung, was auch heißt, dass sich das Empfangen von Erkenntnissen intensivieren kann, wenn unser Christusnetz aktiviert wurde. Die Sichtweise Gottes, die uns erkennen lässt, wie etwas zusammenhängt, fließt die ganze Zeit über unser Christusnetz in uns ein. Wenn wir also Erkenntnisse brauchen, werden sie uns geschickt, und zwar über zwei Kanäle, wenn man das so sagen kann: Einmal über Gott und das Christusnetz. Und das zweite Mal über Gott und unsere Seele, denn alles vereint sich in unserem göttlichen Strahl und wird dadurch in seiner Kraft stärker und klarer.

Verbindung zur göttlichen Ebene, zu unserer Seele und zur Erde

Das Christusnetz verbindet uns mit dem Kristallgitternetz der Erde, mit unserer Seele und mit der göttlichen Quelle. Es stärkt das Band zwischen allen drei Ebenen. Für diejenigen, die viele Ideen haben, aber es nicht schaffen, diese auch auf Erden umzusetzen, ist die Aktivierung des Christusnetzes von großem Vorteil, weil dadurch eine Erdung in Gang gesetzt wird, welche die Realisierung leichter werden lässt. Genauso ist es auch anders herum, was bedeutet: Wenn die Erdung da ist, aber die Verbindung zu Gott nicht so stark ausgeprägt ist, wird der Kontakt zu Gott durch die Verbindung der drei Ebenen stärker. Eins zu sein in göttlicher, seelischer und irdischer Ebene ist die beste Basis überhaupt, um der eigenen Bestimmung auf Erden zu folgen und die göttlichen Eingebungen und Impulse umsetzen zu können.

Das Christusnetz ist also ein wunderbares Energiesystem, das wir für uns nutzen können.

Was das Christusnetz bewirken kann

Im vorherigen Kapitel habe ich ja bereits geschrieben, warum es gut wäre, das Christusnetz in uns zu aktivieren. Aber was im Speziellen kann das Christusnetz eigentlich?

Das Christusnetz trägt folgende Fähigkeiten in sich:

- Hat eine starke Wirkung auf unsere Aura und unser Umfeld,
- Verbindung zum Kristallgitternetz,
- Verbindung zu Jesus Christus und seiner Heilenergie,
- Verbindung mit der Fünften Dimension und höher,
- Verbindung und Kontakt mit Engeln, Einhörnern, Meistern und anderen Lichtwesen,
- Verbindung mit dem Herznetz der Erde,
- Ablösung von alten Energien und Offenheit für Neues,
- Geborgenheit und Sicherheit,
- erhöht die Schwingung unseres Körpers,
- unserer Bestimmung auf Erden zu folgen,
- Unterstützung bei der Umsetzung unserer Berufung auf Erden,
- zieht Menschen mit der gleichen Schwingung an,
- strahlt immer göttliche Liebe aus,
- innere Stabilität,
- stärkt unser Selbstbewusstsein,
- gewährt uns Schutz vor Fremdenergien,
- schützt uns vor Strahlung.

Wirkung auf unsere Aura und unser Umfeld

Das aktivierte Christusnetz strahlt nicht nur in unseren Körper, sondern auch in unsere Aura, was zur Folge hat, dass unsere Aura mit Christusenergie gefüllt wird und wir diese wundervolle Energie auch nach außen hin strahlen. Eine gut funktionierende und kraftvolle Aura erleichtert das Leben, denn sie stärkt unser Wahres Sein, unsere innere Mitte, die Erdung in unserer Inkarnation und die eigenen Grenzen gegenüber unseren Mitmenschen. Sie zieht gleich- und höherschwingende Energien an und bringt so Menschen, Situationen, erfüllte Wünsche und vieles mehr in unser Leben – also all das, was für uns gut und wichtig ist.

Viele Menschen haben eine geschwächte oder sogar eine verletzte Aura. Solch eine geschwächte Aura kann zur Folge haben, dass

- Fremdenergien zu nah an uns herankommen,
- unsere Grenzen nicht mehr gewahrt werden,
- wir respektlos behandelt werden und nicht auf uns geachtet wird.

Wir werden von anderen nicht so stark wahrgenommen, wenn wir eine schwache Aura haben, weshalb es so wichtig ist, nicht nur unser Innerstes mit Kraft zu versorgen, sondern auch unsere äußeren Energiefelder.

Eine regelmäßige Reinigung dieser Felder ist wichtig, denn auch wir selbst können unsere Aura zum Beispiel mit negativen Gedanken verunreinigen. Das Christusnetz übernimmt einen Teil dieser Reinigung, indem es stetig in unsere Aura strahlt und diese damit auf einem hohen Energieniveau hält. Verletzungen oder auch Löcher kann es allerdings nicht heilen, dazu bedarf es der Erkenntnis und bewussten Wandlung des Betreffenden. Löcher in der Aura entstehen zum Beispiel durch Rauchen, die Aura sieht dann leicht gräulich aus.

Verletzungen oder eine Abschwächung der Aura können entstehen durch:

- Bestimmte Sportarten, wie Fechten, Seilhüpfen, Boxen,
- Gewalt,
- seelischen und körperlichen Missbrauch,
- Mobbing,
- zu viel Geschlechtsverkehr, also über das normale Maß hinaus,
- chronische und akute Krankheiten,
- Chemotherapie,
- Elektroschocks,
- Drogen,
- zu viele Medikamente,
- übermäßigen Alkoholkonsum,
- ungesunde Ernährung.

Bei einer Chemotherapie löst sich die Aura regelrecht auf. Wenn man genau darauf achtet, sieht man, dass die Aura um den Patienten herum sehr durchsichtig erscheint, was auch wie eine Schutzlosigkeit wahrgenommen werden kann. Es gibt aber verschiedene Behandlungsmethoden, welche die Aura wieder aufbauen. Sie ist also nur für eine bestimmte Zeit nicht wahrnehmbar oder hat sich nur vorübergehend ganz aufgelöst, das heißt: Die Aura ist wie durchsichtig wahrnehmbar.

Eine wabernde Aura entsteht durch zu viele Drogen, Alkohol und zu viel Geschlechtsverkehr. Nimmt all dies überhand, kann die Aura zusammenfallen und sich langsam auflösen.

Das Spiegelbild unseres Inneren im Außen ist unsere Aura. Wir können sie pflegen, indem wir regelmäßig in die Stille gehen und uns mit unserer Seele und unserem Christusnetz verbinden. Mit reiner Aufmerksamkeit und Vorstellung können wir mit Hilfe der Kraft unserer Seele und/oder mit der göttlichen Liebe Gottes unser Christusnetz jeden Tag aufs Neue stärken. Auch über bestimmte Christuspunkte lässt sich das Christusnetz energetisieren. Darüber mehr im Kapitel *Christuspunkte*.

Verbindung zum Kristallgitternetz

Bei der Aktivierung wird unser Christusnetz auch mit dem Kristallgitternetz der Erde verbunden. So erfahren wir eine optimale Anbindung an dieses wundervolle neue Kraftnetz der Erde.

Ein eigenes Christusnetz der Erde gibt es nicht, da sich aber die beiden Energien sehr ähneln, können sie miteinander in die Einheit gebracht werden. Die Anbindung geschieht über die unteren Christuspunkte und Christuslinien in den Füßen, die sozusagen eine Verlängerungslinie in die Erde zum Kristallgitternetz bilden. Diese besondere Verbindung gibt uns den Halt, den wir benötigen, um unseren göttlichen Impulsen und Ideen zu folgen und unsere Visionen auf Erden zu verwirklichen. Dafür bedarf es einer optimalen Erdung.

Nicht selten geschieht es, dass wir bei zu hoher Energie die Bodenhaftung verlieren, und da ist es gut zu wissen, mit der Erde gut verbunden zu sein, und zwar mit ihrer erhöhten Energie, dem Kristallgitternetz, der Kristallenergie, die bereits in den Jahren davor Schritt für Schritt hier auf diesem Planeten verankert wurde.

Verbindung zu Jesus Christus und seiner Heilenergie

Wenn unser Christusnetz aktiviert ist, halten wir stets Verbindung zu Jesus Christus. Jesus Christus begleitet uns immer! Wenn wir einen Moment der Stille in unserem Alltag haben, können wir ihn wahrnehmen.

Jesus Christus ist der Erdenmensch und der Auferstandene in einem, so hat er die Fähigkeit, Dinge, Probleme und Konflikte, Sorgen und Nöte, aber auch Hoffnungen, Träume, Wünsche und Möglichkeiten unseres Seins zu fühlen und zu verstehen. Er weiß um alles, denn er hat alles selbst erfahren. Viele Dinge sind inzwischen anders als früher, doch die Sorgen und Nöte sind bis heute dieselben geblieben. Jesus Christus hilft uns in diesem Leben mit seinem ganzen Sein.

Jesus Christus gibt uns:

- Stärke und Kraft,
- Heilung,
- Liebe,
- Freude,
- Erkenntnis,
- Wandlung,
- und alles, was wir auf unserem Weg brauchen, um näher an unser Wahres Sein zu gelangen.

Besonders seine Liebe, sein Mitgefühl und seine Heilkraft können uns auf unserem Weg auf Erden sehr helfen. Verbinden wir uns bewusst mit seiner Heilenergie, geht unsere eigene Heilenergie in Resonanz mit ihm, und durch das Christusnetz können wir sogar seine Heilenergie in unseren Körper einfließen lassen. Bei dieser Art von Heilung ist es wichtig, dass wir lernen, die Dinge geschehen zu lassen. Heilung hat viele Wege, und sie zu gehen bedeutet, sich auf die göttliche Heilung ganz einzulassen.

In früheren Jahren war die Heilung durch Jesus oder auch Maria eher ein Flehen, ein Bitten. Besonders an Maria hängte man sich ran. Sie wurde regelrecht belästigt, unbedingt helfen zu müssen. Das Seltsame an diesem Flehen und Bitten war, dass es für die Hilfesuchenden immer nur *den einen Weg der Heilung* gab, indem sie gar keine anderen Möglichkeiten zugelassen haben. Aber es gibt eben viele Wege. Maria, wie auch Jesus, sind ebenfalls in die Neue Zeit gegangen und haben sich der höher werdenden Schwingung auf Erden angepasst. Ein Flehen, ein Bitten nach eigenen Vorstellungen, ist nicht mehr zeitgemäß. Heilung geschieht durch Resonanz mit den Heilenergien des Göttlichen und mit dem Vertrauen, dass sich *die* Heilungsmöglichkeiten auftun, die für uns am besten sind.

Verbindung mit der Fünften Dimension und höher

Das aktivierte Christusnetz gibt uns die Möglichkeit, unser Sein auf Erden in seiner Schwingung anzuheben.

Je nachdem, wie weit jeder Einzelne von uns in seiner spirituellen Bewusstseinsentwicklung ist, desto höher kann er sich und seine Schwingung erhöhen. Das Christusnetz strahlt eine hohe Grundschwingung und Energie aus, sodass wir mit der Aktivierung gar nicht mehr in die Energien der Dritten Dimension gelangen können, aber wir können uns mit höheren Ebenen und Dimensionen verbinden. Das verlangt jedoch ein bestimmtes Maß an Wissen – und auch an Weisheit.

Es wäre daher gut, in sich hineinzuspüren und dann zu entscheiden, ob man bereit ist, sich mit der nächsthöheren Ebene zu verbinden. Wichtig ist dabei die Anbindung an das Kristallgitternetz, um gut geerdet zu sein.

Die Verbindung mit den höheren Ebenen fängt mit der geistigen Vorstellung an, denn es kann sein, dass wir die höhere Energie noch gar nicht wahrnehmen können. Am besten gelingt uns das, wenn wir uns dafür einen stillen Ort suchen und in die Meditation gehen.

Verbindet euch vorher mit eurem inneren Christusnetz und dem Kristallgitternetz der Erde und bittet dann eure Engel, Meister, Einhörner oder andere Lichtwesen, euch die Energie der nächsthöheren Ebene spüren zu lassen. Geht über eure Wahrnehmung:

- Fühlt es sich leichter an, oder vielleicht schwerer?
- Fühlt es sich freier an, oder vielleicht eher verlorener?

Notiert euch alles, damit ihr immer wieder nachlesen und auch für spätere Meditationen vergleichen könnt. Folgt eurer Seele und auch Jesus Christus, sie werden euch Impulse in Form von Gedanken und Bilder schicken, die euch auf eurem Weg weiterhelfen. Wichtig bei dieser Art von Verbindung ist es, nicht übermütig zu werden, sondern sich eher auf die Erdung und die derzeitige Dimension, in der ihr lebt, zu konzentrieren.

Verbindung und Kontakt mit Engeln, Einhörnern, Meistern und anderen Lichtwesen

Ein aktiviertes Christusnetz im menschlichen Körper strahlt automatisch hohe göttliche Energien aus, die sofort in Resonanz mit anderen göttlichen Lichtwesen gehen können, wenn wir bereit und offen dafür sind. Diese Lichtwesen können sein:

- Engel,
- Erdenengel,
- Sternenengel,
- Aufgestiegene Meister und Meisterinnen,
- Heilige Männer und Frauen,
- Sternenpriester/innen,
- Sternenritter/innen,
- Sternenkönige, -königinnen,
- Elementarwesen, wie Elfen, Feen, Gnome und Zwerge,
- Wesen der Elemente, wie Sylphen, Nereiden, Wassermänner und Meerjungfrauen, Berggeister,
- Feuerwesen,
- Einhörner,
- Pegasi,
- Drachen,
- Kristallwesen,
- die Akasha-Chronik,

und viele andere hochschwingende Lichtwesen, die sich nach und nach bei uns auf Erden zeigen, wenn für sie die Zeit gekommen ist.

Der Kontakt und die Kommunikation mit ihnen fällt leichter, wenn wir unser neues Energiesystem in uns aktiviert haben. Bei Meditationen, Spaziergängen in der Natur, wie zum Beispiel im Wald und am Meer, können wir uns ebenfalls mit den wundervollen göttlichen Lichtwesen der Erde und ihren höheren Dimensionen verbinden. Einer Kommunikation steht nichts mehr im Wege, wir müssen uns nur darauf einlassen und es geschehen lassen können. Dann funktioniert es.

Auch für Menschen, die dazu berufen sind zu channeln, fällt diese Art der Vermittlung der göttlichen Worte und Bilder leichter, wenn ihr Christusnetz aktiviert ist. Das Christusnetz kann sogar diesen Kontakt und die Wahrnehmung dahingehend noch erhöhen und klarer werden lassen. Vielleicht wird auch bei einigen von euch die Fähigkeit als ein neues Medium eröffnet oder ein neues Potenzial erschlossen, das sich dann erst zeigt.

Das aktivierte Christusnetz ist eine wunderbare Basis und Erdung, um sich dem Channeln vollkommen hingeben zu können, denn der göttliche und irdische Schutz ist uns gewiss.

Verbindung mit dem Herznetz der Erde

Seit einigen Jahren baut sich auf Erden ein besonderes Energienetz auf, das Herznetz.

Das Herznetz ist die Verbindung der Herzen auf Herzebene untereinander. Während des Aufstiegsprozesses in die Fünfte Dimension werden immer mehr Herzen miteinander verbunden, bis sie ein vollkommenes Energienetz der Herzen über die ganze Erde gebildet haben. Es ist die energetische Verbindung von Herzzentrum zu Herzzentrum der Seelen.

Das Herznetz wird durch die göttliche Liebe, die Herzflamme in uns und die Verbindung zur göttlichen Quelle genährt. Diese Herzverbindungen, die sich über den ganzen Globus erstrecken, entstehen nur bei Menschen, die bereits einen Großteil an eigener Transformationsarbeit geleistet und eine hohe Eigenschwingung erreicht haben. Ist unser Herzzentrum geöffnet, können diese Herzverbindungen untereinander geschlossen werden, um das Netz stetig zu vergrößern.

Der Aufbau dieses Herznetzes funktioniert nicht nur durch persönliches Kennenlernen, sondern auch durch energetisches Verbinden mit Menschen über die Ferne, die sich bereits auf der Herzebene befinden. Eine Herzvernetzung kann durch eine bewusste Verbindung in einer Meditation, durch einen tiefen Blick in die Augen oder ebenso unbewusst geschehen.

Bei der bewussten Verbindung stellen wir uns in einer Meditation vor, wie wir mit unserem Herzen mit uns bekannten Seelen oder anderen lichtvollen Seelen auf Erden Kontakt aufnehmen. Sind die anderen Seelen auch bereit, eine Herzensverbindung einzugehen, senden wir ihnen die göttliche Liebe bedingungslos von Herz zu Herz. Ein rosa-goldfarbener Strahl entsteht zwischen den beiden Herzen. Auch bei einem intensiven Blick in die Augen können sich zwei Herzen miteinander verbinden.

Die Verbindungslinien des Herznetzes sehen aus wie goldene Strahlen, die von Herz zu Herz leuchten. Dieses Leuchten wird stärker, wenn göttliche Energien hin- und hergeschickt werden, um sich gegenseitig zu unterstützen. Allen verbundenen Seelen des Herznetzes wird somit zu jeder Zeit geholfen. So können sie sich geborgen fühlen, eingebettet in das Netz der göttlichen Liebe. Nehmen wir die Herzverbindungen bewusst wahr und senden wir regelmäßig Liebe in das Herznetz, stärken wir es und werden gleichzeitig von ihm getragen und energetisiert. Sind wir in diesem Herznetz eingebunden, haben wir die Möglichkeit, bewusst einen Menschen zu stärken und ihm zu helfen. Sinkt seine Schwingung, kann sie von den anderen wieder angehoben und ihr Energiepotenzial gestärkt werden.

Hat das Schwingungsfeld der Herzen, also das Herznetz, eine gewisse Größe erreicht, lassen sich unendlich viele Nachrichten und Energien hin- und herschicken. Diese Informationsübertragung funktioniert wie Telepathie, nur eben auf der Herzensebene. Die Schnelligkeit, in der die liebevollen Energien und Daten hin- und hergeschickt werden, ist dann nicht mehr real messbar. Alle Menschen, die sich dann an das Herznetz angeschlossen haben, werden von ihm getragen und göttlich beschützt. Das Christusnetz stärkt uns dabei, uns mit dem Herznetz zu verbinden und es mit Licht und Liebe zu füllen. Das Herznetz wird mit der Zeit mit der göttlichen Christusenergie in seiner Ausstrahlung und Kraft potenziert.

Ablösung von alten Energien und Offenheit fürs Neue Sein

Das Alte in uns wird vom Neuen abgelöst. Neue Möglichkeiten in unserem Leben tun sich auf, weil wir durch die Aktivierung des Christusnetzes eine neue Freiheit in unserem Leben gewinnen. Das Christusnetz hält eine Stabilität aufrecht, bei der wir uns sicher fühlen. Sicher, um Altes gehen zu lassen und Neues willkommen zu heißen.

Alte Energien können zum Beispiel sein:

- Gewohnheiten,
- alte Muster aus der Kindheit, wie Muster aus der Erziehung, die wir übernommen haben,
- alte Entscheidungen, die uns bis jetzt geholfen haben, nun aber nicht mehr stimmig sind,
- alte Verhaltensweisen,
- alte Energien aus seelischen Verletzungen und die daraus resultierenden Muster,
- Energien aus Traumata, die nun nach und nach geheilt werden möchten,
- Verletzungen in unserem Herzen,
- Verletzungen in unserer Seele,
- unstimmige Beziehungen,
- konfliktbeladene Beziehungen,
- Zwänge,
- Ängste,
- Zweifel,
- unerlöste Energien aus früheren Leben.

Alte Energien können wir sogar in all den Jahren der Begleitung lieb gewonnen haben, auch wenn sie uns nicht wirklich weiterhelfen. Sie können uns durch die Macht der Gewohnheit ein gewisses Gefühl an Sicherheit verliehen haben. Diese Sicherheit ist ein energetisches Gerüst, das uns bis jetzt gehalten hat, uns nun aber gefangen hält. Es fällt uns halt schwer, dieses alte Gerüst loszulassen. Das Christusnetz hilft uns dabei, uns nicht verloren zu fühlen, wenn wir dieses Gerüst verlassen. Diese Ablösung ist wie ein Aufräumen, aus dem ein neuer Raum entsteht, in dem wir Neues empfangen können. Neue Energien und Erkenntnisse, neue Ideen und Visionen, die uns näher an unsere innere Wahrheit bringen und uns dabei helfen, unsere wahre Bestimmung auf Erden zu leben.

Mit der Aktivierung des Christusnetzes gewinnen wir eine neue Freiheit in unserem Leben und damit unendlich viele Möglichkeiten, unser Sein zu verwirklichen.

Geborgenheit und Sicherheit

Wir werden durch das Christusnetz geborgen und sicher gehalten und können somit wieder ein Stück Kontrolle in unserem Leben aufgeben, um uns auf unser Wahres Sein einzulassen. Die spirituelle Weiterentwicklung hat immer mit Loslassen oder Freilassen zu tun. Um uns dabei die größtmögliche Sicherheit zu geben, unterstützt uns dabei ein starkes Energiesystem: das aktivierte Christusnetz. Ein Loslassen von alten Energien bedeutet, dass wir etwas gehen lassen, was uns eine lange Zeit begleitet hat. Diese Veränderung kann Ängste und Zweifel in sich bergen, denn wir wissen nicht, wie sich nach einer Entscheidung unser Leben verändert. Wie wird es dann sein? Wird alles gut? Oder wie fühlen wir uns dann – leer und allein? Behalte ich meinen Job? Und viele weitere Fragen können auftauchen.

Veränderungen können beispielsweise sein:

- Die Entscheidung, einen individuellen Weg der Heilung einzuschlagen,
- sich von Besitz trennen,
- den Job wechseln,
- ein Umzug,
- ein Haus/eine Wohnung kaufen oder mieten,
- eine Partnerschaft beenden,
- eine neue Beziehung eingehen,
- heiraten,
- eine Schwangerschaft und eine Geburt, ein neues Leben in unserem Leben, wie wird das sein,
- in den Ruhestand gehen,

- eine Firma gründen
- eine Insolvenz beantragen,
- eine Entscheidung, sich anders zu verhalten,
- Reisen,
- eine neue Ernährungsweise,
- Schulstart, Beginn eines Studiums, Ausbildungsbeginn usw.,
- Begegnungen nach Konflikten,
- Aussprachen,
- u.v.m.

Es gibt immens viele Bereiche, Situationen und Entscheidungen, die eine kleine oder große Veränderung hervorrufen und alle mit Zweifeln und Ängsten behaftet sind. In diesen Momenten der Angst und der Zweifel hilft uns das Christusnetz mit all seinen Energien, indem es uns eine innere Stabilität und Geborgenheit gibt, die uns Zuversicht verspüren lässt. Zuversicht und innere Stärke, um mit vollstem Vertrauen unseren Lebensweg weiter zu gehen.

Erhöht unseren Körper in seiner Schwingung

Das Christusnetz erhöht stetig die Schwingung unseres Körpers, unmerklich oder auch bewusst. Das Energienetz von Christus strahlt seine eigene Energie aus und energetisiert alle Bereiche unseres Körpers, wenn sie dafür offen sind. Es gibt bestimmt noch einige Bereiche in uns, die noch nicht in hellem Licht erstrahlen, und eine erhöhte Schwingung hilft uns dann dabei, uns diesen verdeckten Bereichen zu öffnen. Diese können verborgene Potenziale enthalten, die geöffnet werden wollen, oder auch abgekapselte Seelenanteile und seelische Verletzungen, für die wir noch nicht bereit sind.

Dies sind nur einige Beispiele dafür, was alles in uns noch im Verborgenen liegen kann. Mithilfe der Erhöhung unserer Schwingung durch unser Christusnetz wird unser Körper immer auf einem bestimmten Energielevel gehalten, sodass wir nach und nach alle Bereiche in uns mit Licht und Liebe fluten können. Dies ist ein Prozess, der über viele Jahre geht, und das ist auch gut so, denn der Weg ist das Ziel und nicht das Ende des Weges.

Unserer Bestimmung auf Erden folgen

Da uns das Christusnetz auf einem hohen Energielevel hält, bietet es uns die Möglichkeit der steten Verbindung zur göttlichen Quelle, zu höheren Ebenen und Lichtwesen, zum Kristallgitternetz der Erde und zu Jesus Christus. So erhalten wir auch die Impulse und die Unterstützung, die wir brauchen, um den Weg unserer Bestimmung auf Erden zu folgen. Noch sind wir nicht so weit, dass wir ohne jegliche Hilfe, egal, aus welcher Ebene, unseren Weg alleine gehen können. Noch brauchen wir göttliche Impulse, die uns von außen gesendet werden, Hilfe und Unterstützung, um den Mut aufzubringen, unsere Bestimmung zu leben. Die Energie und Verbindung zu unserem Christusnetz gibt uns die nötige Stärke, um in unserer inneren Mitte und Kraft zu bleiben und uns bewusst für den nächsten Schritt auf dem Weg unserer Bestimmung zu entscheiden.

Unsere Bestimmung sind Fähigkeiten, die wir in uns tragen und die gelebt werden möchten. Das kann zum Beispiel ein göttliches Mitgefühl sein oder eine sehr starke Herzensliebe. Unsere spirituellen Gaben wirken immer, egal, ob wir speziell einen heilenden Beruf ausüben oder nicht. Um diese Fähigkeiten leben zu können, ist es wichtig, uns auch spirituell weiterzuentwickeln, damit uns nach und nach alle unsere Fähigkeiten bewusst werden und wir sie bewusst in unser Leben mit einbauen bzw. sie dort frei fließen lassen können. Die Bestimmung ist wie die Berufung – nur von höherer Sicht aus gesehen. Die Bestimmung ist ein Teil vom Großen Ganzen. Mit unserem Christusnetz haben wir eine immer währende Unterstützung dafür bekommen, diese, unsere Bestimmung zu leben.

Unterstützt uns bei der Umsetzung unserer Berufung auf Erden

Berufung ist nicht gleich Bestimmung. Eine Berufung ist eine Gabe, also eine Fähigkeit, die in einer bestimmten Arbeit zum Tragen kommt. Dies kann ein Chirurg sein, der besonders gut am Herzen operieren kann, dies kann eine Bäckermeisterin sein, die die besten Semmeln bäckt, dies kann ein Visagist sein, der die wahre Schönheit in einem Gesicht erstrahlen lässt, das kann eine Krankenschwester sein, die die Menschen auf ihrem Weg der Heilung in ihrem Wahren Sein begleitet. Das können ebenso heilende Therapeuten sein, die die Gabe der Heilung in sich tragen, sei es durch ihr Sehen, durch ihr Fühlen oder ihre Übertragung von Heilenergien. Jeder hat eine besondere Fähigkeit und auch Berufung, und die gilt es, für sich im Laufe des Lebens herauszufinden.

Gerade wenn sich die Berufung nicht um einen „normalen Beruf", wie zum Beispiel darstellende und bildende Künstler, Heiler, Seher, Meditationslehrer, Biolandwirte handelt, kann es oft schwer sein, aus den herkömmlichen Strukturen auszubrechen, um seinem Herzen zu folgen. Es kann oft eine Zeitlang dauern, bis der Weg der Berufung gegangen werden kann, zu viele Ängste oder auch Verletzungen und alte Muster oder Entscheidungen halten uns zurück, um uns ganz auf unsere Berufung einzulassen.

Oft hängen finanzielle Schwierigkeiten oder familiäre Strukturen damit zusammen, dass wir unseren Weg nicht gehen können, zu dem wir uns berufen fühlen. Aber genau dann greift das Christusnetz, es gibt uns Sicherheit, Mut, Zuversicht und Kraft, um uns für den Weg der Berufung zu entscheiden. Die Energie und Verbindung zu unserem Christusnetz gibt uns die nötige Stärke, um in unserer inneren Mitte und Kraft zu bleiben und uns selbstbewusst auf den Weg unserer Berufung zu begeben.

Zieht Menschen mit der gleichen Schwingung an

Das Christusnetz strahlt eine hohe Schwingung aus und zieht hohe Schwingungen an. „Actio est Reactio" (Auf jede Aktion folgt eine Re-Aktion), das Prinzip der Wechselwirkung, ist ein Newtonsches Gesetz, das besagt, dass bei einer Wechselwirkung zwischen zwei Körpern jede Aktion eine gleich starke Re-aktion auf den Aussendenden der Aktion zurückwirkt. Isaac Newton (1642 - 1726) war ein Naturforscher, der dieses Gesetz erkannte.

So ist das eben auch mit uns selbst. Das, was wir aussenden, kommt genauso wieder zu uns zurück:

Senden wir Liebe aus, empfangen wir Liebe; senden wir Hass aus, erhalten wir Hass. Oft geschieht diese Wechselwirkung unbewusst, weswegen es genau darauf zu achten gilt, was wir aussenden und was wir nicht aussenden.

Das Christusnetz sendet Liebe, Freude, Stärke, Stabilität, Würde, Macht, Einheit und Kraft aus. All das wird auch zu uns zurückgesandt, wenn wir uns bewusst dafür öffnen. Diese wundervollen Energien, die uns auf diese Weise, also von außen, zurückgesandt werden, bemerken wir oft nicht. Es geht also daher auch darum, mit unserem aktivierten Christusnetz sensitiver für unsere Außenwelt zu werden, sodass wir die Möglichkeiten, Wunder und Energien auch wahrnehmen und empfangen können.

Wichtig ist, dass wir das Christusnetz auch in uns erstrahlen lassen können, denn wer sich immer noch für sein Wahres Sein schämt oder Angst hat, es zu leben, kann auch die Wirkung des Christusnetzes nach außen blockieren. Doch die Grundschwingung des Christusnetzes ist immer da und hilft uns so, nach und nach unser Wahres Sein offen und nach außen hin leben zu können.

Das Christusnetz unterstützt uns dahingehend, dass wir selbst bemerken und darauf achten, was wir denken und fühlen. Kennen wir unsere Gedanken und Gefühle, können wir sie ändern oder sie lassen, und auf diese Weise nach und nach unser Leben so gestalten, wie wir es uns wünschen. So ziehen wir auch die Menschen in unser Leben, die für unseren Lebensweg wichtig sind – sei es, dass wir durch sie lernen, sie uns auf etwas hinweisen, damit wir es wandeln können, oder sie uns unterstützen.

Alles, was wir aussenden, erhalten wir zurück. Daher ist es doch gut zu wissen, dass uns das Christusnetz auf einem bestimmten hohen Energielevel hält und wir die dementsprechenden Energien aussenden und zurückbekommen.

Strahlt immer göttliche Liebe aus

Das Christusnetz strahlt, wie bereits beschrieben, immer die göttliche Liebe aus. Liebe ist die höchste Energie, die es gibt. Leider vergessen wir das oft im Alltag, weshalb es um so schöner ist, dass unser Christusnetz uns immer mit genügend Liebe versorgt, vorausgesetzt, wir nehmen sie auch an.

- Liebe ist kostenlos,
- Liebe ist bedingungslos,
- Liebe ist ohne Erwartung,
- Liebe ist ohne Druck,
- Liebe ist frei, endlos und ewig,
- Liebe währt über alle Inkarnationen und Ebenen hinaus,
- Liebe besteht immer zwischen Menschen, auch wenn sie ins Licht gegangen sind.
- Liebe ist Liebe, sie ist – immer!

Wir müssen sie nur wahrnehmen, sie zulassen und empfangen. Seien wir offen dafür und gehen wir bewusst in die Stille, um die hohe Schwingung der göttlichen Liebe in uns wahrzunehmen. Es bedarf vielleicht am Anfang etwas Übung, um sie spüren zu können, aber das wird mit der Zeit einfacher.

Gebt nicht auf, sondern widmet euch am Tag immer wieder

- der Liebe in euch,
- der Liebe in eurem Christusnetz,
- der Liebe in eurer Seele.

Ihr werdet immerwährend von Liebe genährt, seid euch dessen bewusst, denn dann verstärkt sie sich.

Schenkt uns innere Stabilität

Das Christusnetz wirkt auf unseren Körper auf allen Ebenen, was zu einer neuen Stabilität führt, die uns dabei hilft, in unserer Mitte und Kraft zu bleiben. Das Christusnetz strahlt auf unsere Organe, auf unser Gewebe, unsere Knochen, Sehnen und Gefäße – eben auf alles, was in unserem Körper ist. Diese Bereiche werden durch eine Aktivierung ständig von der hochschwingenden Energie der Christusenergie energetisiert.

Und durch die Stabilisierungspunkte auf den Fußsohlen (CS1, CS2) und auf den Schultern (CS3, CS4) können wir zusätzlich gezielt unsere Stabilität stärken. Diese Stärkung ist gerade bei labilen Menschen wichtig, damit sie eine neue Stabilität in sich spüren, um aufrecht und gestärkt zu stehen. Aber auch sonst tut es gut, Stabilität zu spüren.

Stärkt unser Selbstbewusstsein

Durch die neue Stabilität, durch die göttliche Liebe, Freude und Mitgefühl – all das trägt das Christusnetz in sich und lässt es in uns fließen – entwickelt sich ein neues Selbstbewusstsein. Ein neuer Raum wird dadurch geschaffen, in dem wir für uns selbst einstehen können. Mit dem Christusnetz stehen wir aufrechter, besonders auf energetischer Ebene, und können so klar unsere Meinung vertreten und unsere Bedürfnisse und Wünsche laut zum Ausdruck bringen.

Gewährt uns Schutz vor Fremdenergien

Das Christusnetz ist ein in sich abgeschlossenes Energiesystem, ähnlich wie ein Kreis, die Linien des Netzes schließen sich immer zusammen. Es gibt keine Enden, die einfach so abstehen, sondern es ist alles in sich eins. Diese Struktur des Christusnetzes schafft einen enormen energetischen Schutz gegen Energien von außen.

Diese Beeinflussungen von außen können zum Beispiel sein:

- Energetische Angriffe von Mitmenschen. Diese Angriffe geschehen meist unbewusst, es sind Gefühle wie Neid, Missgunst, Angst vor der Wahrheit oder Veränderung, die oft nicht wahrnehmbar in ihnen ablaufen,
- schwarzmagische Angriffe,
- Angriffe von niedrigschwingenden Wesen,
- nicht erlöste Seelen, die sich an uns hängen,
- Beeinflussung von den Medien,
- wenn zu viele Menschen um uns herum sind, sodass wir keine eigenen Grenzen mehr aufrechthalten können. Wir nehmen dann die Energien der anderen wahr und vielleicht sogar auf,
- Streit und Konflikt,
- Autoritäten, wie zum Beispiel der eigene Chef, Beamte in Ämtern oder anderen wichtigen Anlaufstellen, Ärzte oder in der Familie selbst, wie zum Beispiel ein übermächtiger Ehepartner – also überall dort, wo wir uns abhängig fühlen könnten von den Entscheidungen oder Aussagen anderer.

Das Christusnetz strahlt eine besondere Kraft aus, sodass diese beeinflussenden Energien gar nicht mehr so nah an uns herankönnen wie vor der Aktivierung dieses Netzes. Allerdings ist auch dieser Schutz ein Prozess, denn je stärker wir selbst werden, desto weniger Fremdenergien beeinflussen uns von außen.

Das Christusnetz trägt zudem die Kraft und Macht der Platonischen Körper in sich, und diese kosmische Kraft ist einzigartig und nimmt nach und nach in uns zu. So werden wir auch auf diese Weise kraftvoller und stabiler, mit dem Ergebnis, dass sich Fremdenergien nicht mehr so nahe an uns herantrauen. Das Christusnetz ist eine immense Lichtquelle, die nach außen strahlt und niedrigschwingende Wesen und unerlöste Seelen sogar abschreckt, sich an uns zu hängen, weil es ihnen zu hell ist.

Bei den Seelen, die das Licht nicht finden, ist es etwas anderes, sie wollen ja ins Licht. Aber das Christuslicht strahlt so stark, dass diese Seelen sich zwar in unserer Nähe befinden, aber sie nicht mehr unsere Grenzen überschreiten können. Wenn wir also in solch einer Situation sind, wäre es gut, einen lichtvollen Heiler aufzusuchen oder Jesus Christus darum zu bitten, diese Seelen ins Licht zu führen, damit sie in der jenseitigen Welt, im göttlichen Licht, weiter ihren Weg gehen können.

Schützt uns vor Strahlung

Da das Christusnetz die göttliche Liebe wie auch die kosmischen Energien der platonischen Körper in sich trägt, erschafft es einen besonderen Schutz um uns herum, und dieser hilft auch gegen Strahlen, die uns beeinträchtigen.

Damit meine ich:

- WLAN-Strahlen,
- Handystrahlen,
- Strahlung von Mobilfunkmasten,
- Strahlung aus dem 4G- und 5G-Netz und höher,
- geomantische Kreuzungspunkte in der Erde,
- Wasseradern,
- Hochfrequenztechnik,
- MRT,
- Röntgen,
- Strahlung von Elektrogeräten, wie Mikrowelle, Induktionsherd,
- Radioaktivität.

Der besondere Schutz unseres Christusnetzes gilt den Mobilfunkstrahlen, sei es, dass diese vom Handy selbst oder den Mobilfunkmasten ausgehen. Vor den anderen Strahlenarten schützt es auch, allerdings wäre es trotzdem besser, nicht auf einer Wasserader oder einem Kreuzungspunkt von energetischen Linien zu liegen oder in der Nähe von Elektrogeräten, Handys und Tablet zu schlafen. Wir würden einfach zu viel Kraft verlieren, die wir viel sinnvoller für unsere Stärkung nutzen könnten.

Das heißt: Das Christusnetz würde all seine Kraft für diesen *einen* Schutz verwenden und sie nicht für die Aufgaben einsetzen, die für uns wichtig sind. Wir müssen uns also nicht unnötigen Strahlungen aussetzen.

Trotz dieses wunderbaren Schutzes wäre es dennoch gut, das Handy in der Nacht auszuschalten und das WLAN nicht 24 Stunden laufen zu lassen. Es geht also hier immer noch darum, die Strahlenauswirkung auf unseren Körper und auf unser Sein so weit wie möglich zu minimieren. Dasselbe gilt auch bei Radioaktivität. Sich dieser frei auszusetzen wäre im heutigen Schwingungszustand der Erde reinster Wahnsinn, auch wenn wir unser Christusnetz aktiviert haben.

Der energetische Schutz vor 4G und 5G kann auch mit anderen Dingen, wie Edelsteinen, Essenzen, Globuli zusätzlich noch auf anderer Ebene verstärkt werden. Nutzen wir die Werkzeuge, die uns außerdem zur Verfügung stehen, auch wenn unser Christusnetz bereits aktiviert ist.

Christusenergie-Behandlung

Die Behandlung mit der Christusenergie ist einzigartig und sehr hochschwingend, weswegen es einige Dinge zu beachten gibt:

- Eine gute Erdung,
- einen stillen ungestörten Raum für die Behandlung auf allen Ebenen,
- eine starke innere Mitte,
- Verantwortungsbewusstsein,
- eine gute körperliche und seelische Verfassung,
- eine gute Selbstwahrnehmung und Einschätzung, was man kann und was nicht,
- eine hohe Wahrnehmung dem Patienten gegenüber,
- eine reine Verbindung zur göttlichen Quelle,
- Gelassenheit und innere Ruhe, nicht hudeln oder beeilen,
- Genauigkeit,
- einen göttlichen Schutz,
- einen gewissen Anspruch an sich selbst, alles ordentlich zu machen, auch wenn es mal kniffeliger werden könnte,
- Glaube an sein Tun,
- Glaube an Jesus Christus,
- Glaube an das Christusnetz,
- Mut, die Behandlung, wenn es so sein soll, abzubrechen,
- im Strahl der Wahrheit arbeiten.

Handhaltung bei der Aktivierung

Die Handhaltung bei der Behandlung mit der Christusenergie ist enorm wichtig, weil sie dann am kraftvollsten und authentischsten ist.

Die Handhaltung ist wie folgt:

Rechte Hand:

Sie nimmt die Fingerhaltung des auferstandenen Jesus ein, das heißt:

Kleiner Finger und Ringfinger sind eingeklappt, Mittelfinger, Zeigefinger und Daumen sind ausgestreckt, so, als würde man etwas schwören wollen, nur dass der Zeigefinger und der Mittelfinger sich berühren, indem sie zusammengehalten werden. Diese Handhaltung sieht ähnlich aus, als wenn man eine Pistole nachmachen möchte. Ich weiß, das ist jetzt nicht sehr heilig, aber die beste Erklärung dafür. Mit den Mittelfingern wird dann der jeweilige Christuspunkt anvisiert und über ihn energetisiert.

Linke Hand:

Gleiche Handhaltung wie bei der rechten Hand, wenn man zwei Christuspunkte gleichzeitig behandelt.

Oder eine flache Hand: Die Handfläche ist senkrecht aufgestellt und zeigt von einem weg und zum Patienten hin. Diese Handhaltung symbolisiert die weibliche ausgleichende Energie von Maria und wird verwendet, wenn man nur einen einzelnen Christuspunkt mit der rechten Hand energetisieren möchte.

Beim Ausstreichen von Restenergien oder Entfernen von sichtbaren Verstrickungen und Blockaden wird die normale

Handhaltung benutzt, ohne die erlösende Handhaltung von Jesus Christus. Viele kennen es bestimmt, wenn man die Aura ausstreicht, da benutzt man die Hände ebenso – also ganz normal und natürlich.

Christuspunkte

Es gibt im Körper einige energetische Stellen, die sogenannten Christuspunkte, die wir gezielt energetisieren können, wenn bestimmte Ängste, Gefühle, körperliche oder seelische Beschwerden, Energieabsenkungen oder Unordnungen auftreten.

Es ist keine Voraussetzung, das Christusnetz bereits aktiviert zu haben, wenn man die Wirkung und Kraft der Christuspunkte energetisieren möchte, aber es wäre von großem Vorteil, um die optimale Wirkung der Punkte zu erreichen und nutzen zu können. Es gibt dabei Kombinationen von mehreren Punkten, die bei bestimmten Beschwerden helfen können.

Die Handhaltung ist dieselbe wie bei der Aktivierung und Energetisierung des gesamten Christusnetzes, nämlich die Handhaltung des auferstandenen Jesus Christus, das heißt: Der Mittelfinger einer Hand oder beider Hände berührt die jeweiligen Punkte. Die Christusenergie fließt durch die Hände, und zwar so lange, bis ihr spürt oder seht, dass der Punkt in seiner Energie freifließend wird. Wenn ihr anfangs nur Kälte spürt, ist das immer ein Hinweis darauf, dass sich in dem Christuspunkt eine Blockade befindet. Tritt dann nach und nach Wärme auf, ist die Blockade aufgelöst.

Lasst die Energie noch so lange fließen, bis die Wärme abnimmt und die Energie aufhört, in euren Fingern zu fließen, die Energetisierung ist dann abgeschlossen. Die Dauer der Energetisierung ist individuell vom Menschen abhängig. Die einzelnen Christuspunkte geben uns die Möglichkeit, uns auf energetischer und seelischer Ebene zu stärken.

Wichtig ist dabei zu beachten, dass diese Behandlungsmethode eine Unterstützung zur Heilung und Linderung von seelischen und körperlichen Beschwerden ist, sie ist *keine* Allheilmethode, indem wir uns nur noch auf diese Art von Heilung verlassen. Bei dem einen wirkt diese Heilmethode mehr als bei anderen, was auch auf die eigene Entwicklungsstufe und Eigenschwingung ankommt. Was ich damit sagen will ist: Heilung ist immer ein Zusammenspiel von allen Ebenen.

Die Ganzheit umfasst alles: alternative Heilmethoden, naturheilkundliche Heilmethoden, energetische und mediale Heilmethoden und die Schulmedizin. Alle Ebenen sollten in Betracht gezogen werden:

- Körperebene,
- energetische Ebene,
- geistige Ebene,
- Seelenebene und
- göttliche Ebene.

Infografik des Körpers

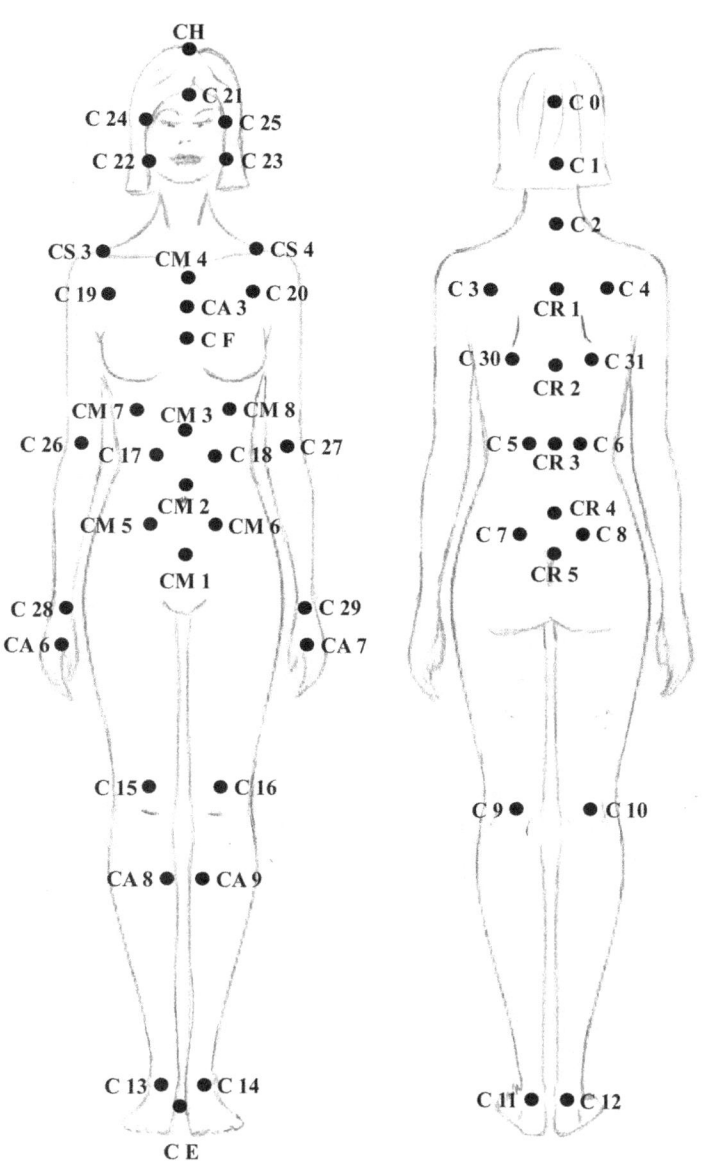

Infografik der Fußunterseite

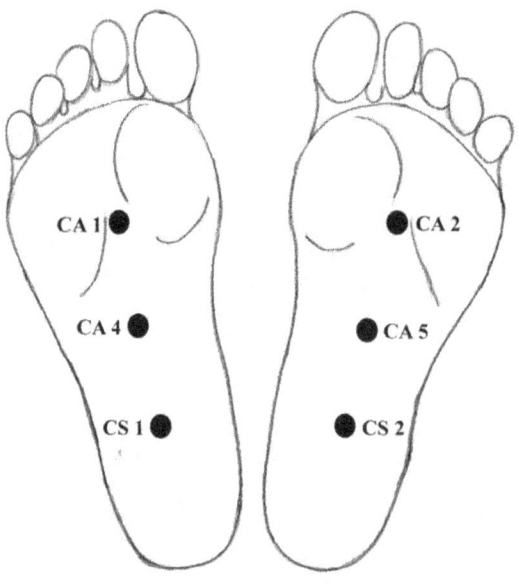

Beschreibung der einzelnen Christuspunkte und ihre Wirkung

In diesem Kapitel möchte ich euch die jeweiligen Punkte und ihre mögliche Wirkung vorstellen.

Folgende energetischen Punkte gibt es im Christusnetz:

Sonderpunkte:

Es gibt einige Christuspunkte, die sowohl paarweise wirken wie auch alleine. Die Stabilitätspunkte CS 1, CS 2, CS 3, CS 4 sind nicht aufgeführt, da sie in dem späteren Kapitel „Innere Stabilität" gesondert erklärt werden. Sie sind nur für die innere Stabilisierung zuständig und haben sonst keine weiteren Aufgaben.

CA 1 und CA 2

Art:
Paarig angeordnet

Ort:
Diese Christuspunkte liegen auf der Fußsohle in der Mitte der Fußballen.

Aufgabe:

- Aktivierungspunkte des Christusnetzes,
- Anfangspunkte für die Aktivierung und Energetisierung des Christusnetzes,
- über diese beiden Punkte werden die Energiebahnen nacheinander aktiviert und energetisiert,

- Unterstützung bei der spirituellen Entwicklung, um den nächsten Schritt gehen zu können.
- Erdungspunkte

Hilfe bei folgenden Beschwerden:
Allgemeine Schwäche, Blockade in der spirituellen Entwicklung, Erschöpfung, fehlende Erdung, Infektanfälligkeit, kalte Füße, Kummer, Melancholie, Müdigkeit, seelische Verletzungen, starke Schmerzen, Schock, Traumata, Traurigkeit, Unwohlsein.

CA 3

Art:
Einzeln

Ort:
Dieser Christuspunkt befindet sich auf der Mitte des Brustbeins.

Aufgabe:
- Zentrumspunkt des Christusnetzes,
- göttlicher Ernährungspunkt,
- Seelenpunkt,
- Schutzpunkt,
- Lebensfreudepunkt,
- Gemeinschaftspunkt,
- Energetisierungspunkt bei Meditationen,
- Stärkung der inneren Mitte,
- die Verbindung zur Seele stärken und spüren, das geht über diesen Punkt am einfachsten,
- die innere Sonne aufgehen lassen,

- Immunsystem stärken,
- schafft Klarheit und innere Ordnung,
- Unterstützungspunkt bei Entzug aller Art.

Hilfe bei folgenden Beschwerden:
Abhängigkeiten, wie Alkohol, Drogen, Kaffee, Medikamente, Zucker, innere Unordnung, Heimatlosigkeit, Hoffnungslosigkeit, Infektanfälligkeit, graues Aussehen, graue Gesichtsfarbe, Grippe, Kummer, Melancholie, Mobbing, Prüfungsangst, schwache Thymusdrüse, Selbstzweifel, sich alleine fühlen, sich nicht dazugehörig fühlen, Traurigkeit. Ansonsten ist der Ernährungspunkt bei C0 und im Register noch einmal aufgeführt und auch bei den einzelnen spirituellen Punkten nochmals erklärt.

CA 4 und CA 5

Art:
Paarweise

Ort:
Diese Christuspunkte befinden sich in der Mitte auf der Fußunterseite.

Aufgabe:

- Stärkt die Fußmitte und Stabilität des Fußes,
- fester Stand,
- stärkt die Knochen, Sehnen und Muskeln,
- Erdungspunkte,
- Verbindung zum Kristallgitternetz,
- Energetisierung der Füße,
- in die Handlung gehen,

- in Bewegung kommen.

Hilfe bei folgenden Beschwerden:
Arthrose in den Füßen, fehlende Erdung, Gicht, kalte Füße, keinen guten Stand, nicht in die Handlung gehen können, Nervenschädigung in den Füßen, Osteoporose im Fuß, Rheuma in den Füßen, rheumatoide Arthritis, Schmerzen in den Fußknochen, Schwindel, stockende Bewegungen, sich nicht vom Fleck bewegen können.

CA 6 und CA 7

Art:
Paarig

Ort:
Diese Christuspunkte befinden sich in der Mitte der Handinnenfläche.

Aufgabe:

- Zentrumspunkte der Hände,
- Energetisierung der Hände,
- Stärkung der Knochen, Muskeln und Sehnen,
- Kreislauf stärken,
- Arme energetisieren.

Hilfe bei folgenden Beschwerden:
Dupuytren'sche Kontraktur, Gicht in den Händen, Handlungsunfähigkeit, kalte Hände, Karpaltunnelsyndrom, Magenprobleme, Muskelkater, Schmerzen in den Händen, rheumatoide Arthritis, Arthrose in den Händen, Raynaud-Syndrom, Rheuma, Sehnenscheidenentzündung in den Händen.

CA 8 und CA 9

Art:
Paarig

Ort:
Diese Christuspunkte befinden sich auf der Innenseite der Unterschenkel, circa vier Fingerbreit unterhalb der Knie.

Aufgabe:

- Aktivierungspunkte des Christusnetzes,
- bringt die Aktivierung des Christusnetzes zum Abschluss,
- erhöht das Christusnetz noch mal in seiner Schwingung,
- hebt das Christusnetz auf eine höhere Ebene in Verbindung zur Erde und zur göttlichen Quelle,
- rundet die Aktivierung ab,
- vergoldet das Christusnetz.

Diese Christuspunkte dienen nur als Abschlusspunkte der Aktivierung.

C 0

Art:
Einzeln

Ort:
Dieser Christuspunkt befindet sich in der Mitte des Gehirns.

Aufgabe:

- Zentrumspunkt im Gehirn, der auf alles im Körper einwirken kann,
- göttlicher Ernährungspunkt,
- Entgiftungspunkt,
- Potenzierung der Wirkung bei Kombination mit anderen Christuspunkten,
- Anbindung an Gott,
- Stärkung des energetischen Kanals der Chakren in uns,
- Energetisierungspunkt für das Gesicht, Nerven, Muskeln, Sehnen und Zähne,
- klare Gedanken,
- Unterstützungspunkt bei Entzug aller Art.

Hilfe bei folgenden Beschwerden:
Abhängigkeiten, wie Alkohol, Drogen, Kaffee, Medikamente, Zucker, dumpfer Geist, geistige Unordnung, Konzentrationsschwierigkeiten, Impotenz, Konzentrationsschwäche während Prüfungen, besonders bei Lernschwächen, wie ADHS/ADS, Auditive Wahrnehmungsstörung (AVWS), Dyskalkulie, Legasthenie, Kopfschmerzen, Libidoverlust, Migräne, Nebelenergie im Kopf, ständiges Grübeln, neurologische Beschwerden und Krankheiten, Prüfungsangst, Selbstzweifel, ungesunde Ernährung, Unsicherheit, zu viele wirre Gedanken.

Wichtig:
Da dieser Christuspunkt nicht direkt zu berühren ist, geht die Energetisierung über eure Vorstellung. Stellt euch bei der Behandlung vor, dass die Christusenergie aus eurem Finger genau in diesen Punkt einfließt. Dieser Punkt wird immer nur in Ver-

bindung mit anderen Christuspunkten behandelt.

In Kombination zum Beispiel mit:
- C 22, C 23 und CA 3 für eine göttliche Ernährung,
- C 1 und C 2 für eine gute Konzentration.

C 1

Art:
Einzeln

Ort:
Dieser Christuspunkt befindet sich auf dem Atlas, direkt am Ansatz zum Schädelknochen.

Aufgabe:

- Vertrauenspunkt. In Kombination mit C 2 steht er für Vertrauen: „Alles wird gut.",
- in Kombination mit C 2 und C 0 für eine optimale Konzentration, zum Beispiel bei Prüfungen, Proben oder anderen Aufgaben, die hoher Konzentration bedürfen,
- Entgiftungspunkt,
- für einen klaren Geist,
- freier Energiefluss von Kronen-Chakra, Kopf und Wirbelsäule,
- Entspannungspunkt mit C 2, C 3 und C 4 für langes Arbeiten am Computer,
- Unterstützungspunkt bei Entzug aller Art.

Hilfe bei folgenden Beschwerden:
Abhängigkeiten, wie Alkohol, Drogen, Kaffee, Medikamente,

Zucker, Besetzungen, blockierte Verbindung zur göttlichen Quelle, Hoffnungslosigkeit, Konzentrationsschwäche während Prüfungen (besonders bei Lernschwächen, wie ADHS/ADS, Auditiven Wahrnehmungsstörung (AVWS), Dyskalkulie, Legasthenie) Kopfschmerzen, Migräne, Muskelverhärtungen in Schulter- und Nackenbereich, Nackenverspannungen, Pessimismus, Rundrücken/ krummer Rücken, schwacher Selbstwert, Selbstzweifel.

C 2

Art:
Einzeln

Ort:
Dieser Christuspunkt befindet sich zwischen dem 6. und 7. Halswirbel.

Aufgabe:

- Vertrauenspunkt. In Kombination mit C 2 steht er für Vertrauen: „Alles wird gut.",
- in Kombination mit C 2 und C 0 für eine optimale Konzentration, zum Beispiel vor Prüfungen, Proben oder anderen Aufgaben, die hoher Konzentration bedürfen,
- Entgiftungspunkt,
- für einen klaren Geist,
- für einen freien Energiefluss und eine optimale Weiterleitung der Energie zu den Wirbeln und Rücken,
- Optimismus,
- aufrecht stehen,

- zu sich stehen,
- eigene wahre Größe einnehmen,
- Unterstützungspunkt bei Entzug aller Art,
- Entspannungspunkt mit C 1, C 3 und C 4 für langes Arbeiten am Computer,
- in Verbindung mit C 3 und C 4 bildet der C 2 das goldene Dreieck der Heiligkeit und der Engelsflügel.

Hilfe bei folgenden Beschwerden:
Abhängigkeiten, wie Alkohol, Drogen, Kaffee, Medikamente, Zucker, Besetzungen, blockierte Verbindung zur göttlichen Quelle, Hoffnungslosigkeit, Konzentrationsschwäche während Prüfungen (besonders bei Lernschwächen wie ADHS/ADS, Auditiver Wahrnehmungsstörung (AVWS), Dyskalkulie, Legasthenie), Kopfschmerzen, krummer Rücken/ Rundrücken, Migräne, Muskelverhärtungen, Nackenverspannungen, Pessimismus, nicht gelebtes Potenzial, schwacher Selbstwert, Selbstzweifel.

C 3 und C 4

Art:
Paarig

Ort:
Diese Christuspunkte befinden sich hinten in der Mitte der Schulterblätter.

Aufgabe:
- Aktivierungspunkte des Christusnetzes,
- Engelspunkte,
- Motivationspunkte,

- Energetisierungspunkt,
- den Rücken stärken,
- aufrecht stehen,
- zu sich und seiner wahren Größe stehen,
- Präsenz,
- Ort der Kraft aus der Ahnenreihe,
- Hier wachsen die Engelsflügel,
- Heiligkeit annehmen können,
- himmlische Mächte.

Hilfe bei folgenden Beschwerden:
Besetzungen, Beschwerden im oberen Rücken, Kopfschmerzen durch Schulterverspannungen, Migräne, Muskelverspannungen in Schultern und Nacken, Rundrücken/krummer Rücken, sich selbst zu viel aufladen, zu viel für andere tragen, zu viel von anderen übernommen haben.

C 4 hat auch ein Alleinstellungsmerkmal

Art:
Einzeln

Ort:
Dieser Christuspunkt befindet sich hinten in der Mitte des rechten Schulterblatts.

Aufgabe:
- Seelenkörperpunkt,
- Schutzpunkt,
- energetisiert den Seelenkörper,

- kann den Seelenkörper wieder in den Körper zurückholen,
- unterstützt die Einheit von Körper, Geist und Seele,
- unterstützt die Einheit der verschiedenen Ebenen: energetische, seelische und irdische Ebene,
- stärkt die Verbindung zur göttlichen Ebene.

Hilfe bei folgenden Beschwerden:
Aus der inneren Mitte sein, dumpfer Geist, fehlende Erdung, Nebelenergie im Kopf, innere Unordnung, Schutzlosigkeit, Seelenkörper befindet sich außerhalb des Körpers, Schock, Traumata.

C 5 und C 6

Art:
Paarweise

Ort:
Diese Christuspunkte befinden sich rechts und links neben der Wirbelsäule auf der Höhe der Taille.

Aufgabe:

- Aktivierungspunkte des Christusnetzes,
- optimale Energetisierung des mittleren Rückens,
- Stabilität, die wichtig ist, um aufrecht stehen zu können,
- Energetisierung der Nieren und Nebennieren,
- Körperzentrierung,
- Stärkung des Selbstwertes,
- Stärkung des Rückens,
- Stärkung des Solar Plexus vom Rücken aus.

Hilfe bei folgenden Beschwerden:
Fehlende Stabilität im Rücken, Nebennierenschwäche, Nierenschwäche, Rundrücken/krummer Rücken, Rückenschmerzen im mittleren Bereich des Rückens, schwacher Rücken, schwacher Selbstwert.

C 7 und C 8

Art:
Paarig

Ort:
Diese Christuspunkte befinden sich rechts und links neben der Wirbelsäule, in der Höhe der Lendenwirbel in den Mulden, die dort zu tasten und zu sehen sind.

Aufgabe:

- Aktivierungspunkte des Christusnetzes,
- Erdungspunkte – optimale Energetisierung des unteren Rückens, so wird eine Stabilität hervorgerufen, die wichtig ist, um aufrecht stehen zu können,
- freier Energiefluss in das Becken und die Beine,
- optimale Verbindung zur Mutter Erde,
- Justierung der Wirbelsäure in die göttliche Gerade und Stabilität.

Hilfe bei folgenden Beschwerden:
Beckenschiefstand, Durchblutungsstörungen in den Beinen, fehlende Erdung, Hexenschuss, fehlende Stabilität im Rücken, schwacher Rücken, schwacher Selbstwert, untere Rückenschmerzen, Unterleibsprobleme, Verdauungsprobleme.

C 9 und C 10

Art:
Paarig

Ort:
Diese Christuspunkte befinden sich rechts und links in der Kniekehle.

Aufgabe:

- Aktivierungspunkte des Christusnetzes,
- Erdungspunkte,
- innere und äußere Stabilität,
- freier Energiefluss in den Beinen in beide Richtungen,
- optimale Verbindung zur Mutter Erde,
- Verbindung zur Erdenebene,
- Verbindung zur jetzigen Inkarnation.

Hilfe bei folgenden Beschwerden:
Durchblutungsstörungen in den Beinen, fehlende Erdung, Knieprobleme aller Art, Lähmungen, Muskelschwäche in den Beinen, Schaufensterkrankheit, schwache Beine, schwache Stabilität des Körpers, schwacher Stand.

C 11 und C 12

Art:
Paarig

Ort:
Diese Christuspunkte befinden sich rechts und links hinten auf

den Füßen über den Fußknöcheln am Anfang der Achillessehne.

Aufgabe:
- Aktivierungspunkte des Christusnetzes,
- Energetisierung der Füße,
- freier Energiefluss der Beine zu den Füßen,
- Erdungspunkte.

Hilfe bei folgenden Beschwerden:
Achillessehnenentzündung, Arthrose in den Fußknochen, fehlende Erdung, kalte Füße, keinen guten Stand haben, Nervenschädigung in den Füßen, Osteoporose in den Fußknochen, Rheuma in den Füßen, Schwäche im Fuß, Schwindel.

C 13 und C 14

Art:
Paarweise

Ort:
Diese Christuspunkte befinden sich in der Mitte des Sprunggelenks.

Aufgabe:
- Aktivierungspunkte des Christusnetzes,
- Energetisierung der Füße,
- Erdungspunkte,
- Stabilisierung und Stärkung der Füße.

Hilfe bei folgenden Beschwerden:
Achillessehnenentzündung, Arthrose, fehlende Erdung, Gicht, keinen guten Stand haben, Nervenschädigung, Osteoporose im Fuß, Rheuma, Schwäche im Sprunggelenk, Schwäche in den Mittelfußknochen, Schwindel.

C 15 und C 16

Art:
Paarig

Ort:
Diese Christuspunkte befinden sich über den Kniescheiben.

Aufgabe:

- Aktivierungspunkte des Christusnetzes,
- Aurapunkte,
- Energetisierung der Aura-Schichten,
- Reinigung der Aura-Schichten,
- Harmonisierung der Aura-Schichten,
- Zentrierung der Beine,
- freier Energiefluss in den Beinen in beide Richtungen,
- nächster Schritt auf dem Herzensweg gehen,
- Fortschreiten, Vorangehen.

Hilfe bei folgenden Beschwerden:
Durchblutungsstörungen in den Beinen, Knieprobleme, Knieschmerzen, Lähmung in dem betroffenen Bein, Muskelschwäche in den Beinen, Schaufensterkrankheit, stockende Bewegung, verdreckte Aura.

C 17 und C 18

Art:

Paarig

Ort:

Diese Christuspunkte befinden sich auf der Höhe der Taille, jeweils mittig auf der jeweiligen Hälfte der Körpervorderseite.

Aufgabe:

- Aktivierungspunkte des Christusnetzes,
- Göttliche Ernährungspunkte,
- Energetisierung der Verdauungsorgane,
- Stärkung des Bauchgefühls,
- Verarbeitung von Gefühlen, Eindrücken und Erfahrungen,
- hilft bei der Zentrierung der inneren Mitte.

Hilfe bei folgenden Beschwerden:
Blähungen, Gallebeschwerden, Konflikte, schwache Bauchspeicheldrüse, schwache Intuition, ungesunde Ernährung, Unterleibsprobleme, Verdauungsprobleme, zu viele unverarbeitete Eindrücke.

C 19 und C 20

Art:

Paarig

Ort:

Diese Christuspunkte befinden sich über der Achselhöhle zwei Fingerbreit nach innen, wo der Lungenmeridian beginnt. Dort ist ein Punkt, der bei den meisten Menschen schmerzt, wenn man auf ihn drückt, von daher ist er sehr leicht zu finden.

Aufgabe:

- Aktivierungspunkte des Christusnetzes,
- Energetisierung des Oberkörpers,
- Energetisierung der Brust, der Bronchien und der Lunge,
- aufrecht stehen,
- innerer Halt.

Hilfe bei folgenden Beschwerden:
Bronchitis, Kreislaufschwäche, Müdigkeit, Pneumonie, Rundrücken/krummer Rücken, schwacher Selbstwert, Schwäche.

C 20 hat auch ein Alleinstellungsmerkmal

Art:
Einzeln

Ort:
Dieser Christuspunkt befindet sich links über der Achselhöhle zwei Fingerbreit nach innen, auf dem Lungenmeridianpunkt.

Aufgabe

- Reinigung des Blutes,
- Harmonisierung der Blutwerte,
- Stärkung der Lebenskraft,
- energiespendend.

Hilfe bei folgenden Beschwerden:
Erschöpfung, fehlende Lebensfreude, Schlappheit, Schwäche, Verschiebung der Blutwerte, zu hohe Entzündungswerte im Blut.

C 21

Art:
Einzeln

Ort:
Dieser Christuspunkt befindet sich auf der Höhe des Stirn-Chakras auf der Stirn, mittig über den Augenbrauen.

Aufgabe:
- Bewusstseinspunkt,
- Öffnung und Energetisierung des Dritten Auges,
- geistige Klarheit,
- erweitertes Bewusstsein,
- Erkenntnis,
- Empfangen von göttlichen Botschaften,
- Empfangen von göttlichen Impulsen und Ideen,
- Stabilisierung des Kreislaufs,
- Verbindung mit dem Herz-Chakra und Wurzel-Chakra,
- spirituelle Entwicklung,
- Unterstützung bei Entzug aller Art,
- Entgiftungspunkt.

Hilfe bei folgenden Beschwerden:
Abhängigkeiten, wie Alkohol, Drogen, Kaffee, Medikamente, Zucker, Augenprobleme, blockierter Bewusstseinsprozess, blockierte Hellsicht, blockierte spirituelle Entwicklung, Kreislaufschwäche, Kopfschmerzen, Migräne, ständiges Grübeln vor dem Einschlafen, unklarer Blick auf den eigenen Weg, wirre Gedanken.

C 22 und C 23

Art:
Paarig

Ort:
Diese Christuspunkte befinden sich unter den Ohren hinter den Ohrläppchen in der Kuhle.

Aufgabe:

- Göttliche Ernährungspunkte,
- Zentrierung des Kopfes,
- wird oft in Kombination mit anderen Christuspunkten angewandt,
- Energetisierung der Ohren-Chakren,
- unterstützt das Hellhören,
- Loslassen.

Hilfe bei folgenden Beschwerden:
Halsweh, Kieferschmerzen, Kiefergelenkschmerzen, Ohrenschmerzen, zu starkes Festhalten an alten Mustern, Dingen oder Sichtweisen, ungesunde Ernährung.

C 24 und C 25

Art:
Paarig

Ort:
Diese Christuspunkte befinden sich an beiden Schläfen.

Aufgabe:

- Energetisierung der Augen,
- Energetisierung des Kopfes,
- Unterstützungspunkt bei Entzug,
- befreit von Besetzungen am Kopf.

Hilfe bei folgenden Beschwerden:
Augenprobleme, Abhängigkeiten, wie Alkohol, Drogen, Kaffee, Medikamente, Zucker, Kopfschmerzen, Besetzungen am Kopf, Migräne, müde Augen durch Computerarbeit/Handy/Tablet.

C 26 und C 27

Art:
Paarig

Ort:
Diese Christuspunkte befinden sich in den Ellenbeugen mittig.

Aufgabe:

- Zentrumspunkt der Arme,
- Energetisierung der Arme,
- freier Energiefluss in den Armen,
- in die Handlung gehen.

Hilfe bei folgenden Beschwerden:
Besetzungen, Durchblutungsstörungen in den Armen, Ellenbogenprobleme, Handlungsunfähigkeit, Lähmung, Nervenschädigung im Arm, schwache Muskulatur, Sehnenscheidenentzündung in den Ober- und Unterarmen.

C 28 und C 29

Art:
Paarig

Ort:
Diese Christuspunkte befinden sich auf dem Handgelenk, einen Finger breit unter der Mitte von Daumen und Zeigefinger, dort findet man eine Mulde.

Aufgabe:

- Stärkung des Kreislaufs,
- Energetisierung der Hände,
- Energetisierung der Arme,
- Stärkung des Magens,
- Loslassen,
- in Handlung gehen.

Hilfe bei folgenden Beschwerden:
Arthrose in den Händen, Dupuytren'sche Kontraktur, Handlungsunfähigkeit, kalte Hände, Karpaltunnelsyndrom, Magenprobleme, Muskelkater, rheumatoide Arthritis, Arthrose, Rheuma, Schmerzen in den Händen, Raynaud-Syndrom, Sehnenscheidenentzündung in den Händen, Sehnenscheidenentzündung in den Unterarmen.

C 30 und C 31

Art:
Paarig

Ort:
Diese Christuspunkte befinden sich unter den Schulterblättern.

Aufgabe:

- Ahnenpunkte,
- Stärkung und Stabilisierung des Rückens.

Hilfe bei folgenden Beschwerden:
Blockierte Ahnenenergie, fehlende Stabilität im Rücken, schwacher Selbstwert, schwacher Rücken.

CM = Christuspunkte Macht

CM 1

Art:
Einzeln

Ort:
Dieser Christuspunkt befindet sich mittig über dem Schambereich.

Aufgabe:

- Zentrums-Machtpunkt,
- Realisationspunkt,
- Entgiftungspunkt,
- eigene Macht annehmen und leben,

- Unterstützungspunkt bei Entzug aller Art,
- in die Handlung gehen,
- Stärkung der Geschlechtsorgane,
- Kreativität,
- blockierte Umsetzung von Ideen und Visionen.

Hilfe bei folgenden Beschwerden:
Abhängigkeiten, wie Alkohol, Drogen, Kaffee, Medikamente, Zucker, Angst vor Reichtum, blockierte Kreativität, blockierte göttliche Kraft, blockierter Weg der Bestimmung, blockierte Umsetzung der eigenen Berufung, blockierte Umsetzung von Ideen und Visionen, Demütigung, fehlende Erdung, Handlungsunfähigkeit, Impotenz, fehlender Mut, seine Wünsche zu äußern und zu leben, keine Präsenz zeigen, Kraftlosigkeit, Libidoverlust, Machtlosigkeit, Missbrauch aller Art, schwache Eierstöcke, schwache weibliche Geschlechtsorgane, schwacher Selbstwert, Traumata, Unfruchtbarkeit, Unterdrückung, Unterleibsbeschwerden, Unterwürfigkeit.

CM 2

Art:
Einzeln

Ort:
Dieser Christuspunkt befindet sich knapp über dem Nabel.

Aufgabe:

- Entgiftungspunkt,
- Energetisierung der Verdauungsorgane,
- Macht annehmen,

- Unterstützungspunkt bei Entzug aller Art,
- innere Mitte,
- Intuition und Bauchgefühl.

Hilfe bei folgenden Beschwerden:
Abhängigkeiten, wie Alkohol, Drogen, Kaffee, Medikamente, Zucker, Blähungen, blockierte göttliche Kraft, blockierte Umsetzung von Ideen und Visionen, keine Intuition zulassen können, Kraftlosigkeit, Machtlosigkeit, Verdauungsprobleme.

CM 3

Art:
Einzeln

Ort:
Dieser Christuspunkt befindet sich auf dem Solarplexus-Bereich

Aufgabe:

- Kraftpunkt,
- Realisationspunkt,
- Entgiftungspunkt,
- Kraft tanken,
- Den Körper mit Kraft füllen,
- Die wahre Kraft des Seins aufrechthalten,
- Innere Mitte stabilisieren,
- Unterstützungspunkt bei Entzug aller Art,
- in die Handlung gehen.

Hilfe bei folgenden Beschwerden:
Abhängigkeiten, wie Alkohol, Drogen, Kaffee, Medikamente, Zucker, Besetzungen, blockierte göttliche Kraft, blockierte Umsetzung von Ideen und Visionen, Erschöpfung, Gallenprobleme, innere Unordnung, Kraftlosigkeit, Leberprobleme, Magenprobleme, aus der inneren Mitte sein, Schwäche.

CM 4

Art:
Einzeln

Ort:
Dieser Christuspunkt befindet sich in der Mitte, wo die Schlüsselbeine auf dem Sternum enden.

Aufgabe:

- Würdepunkt,
- Reichtumspunkt,
- Entgiftungspunkt,
- Unterstützungspunkt bei Entzug aller Art,
- Stärkung des Seelensterns,
- präsent sein,
- Mut haben, sich zu zeigen,
- zu sich stehen,
- Selbstwert stärken.

Hilfe bei folgenden Beschwerden:
Abhängigkeiten, wie Alkohol, Drogen, Kaffee, Medikamente, Zucker, Angst vor Reichtum, Atembeschwerden, aus der inneren Mitte sein, blockierte spirituelle Entwicklung, Demütigung,

eigene wahre Größe nicht leben, keinen Mut haben, sich zu zeigen, keine Präsenz, Missbrauch, Rundrücken/krummer Rücken, schwacher Selbstwert, Selbstzweifel, sich klein machen, Traumata, unsichtbar sein wollen, Unterdrückung.

CM 5 und CM 6

Art:
Paarig

Ort:
Diese Christuspunkte befinden sich dort, wo die Eierstöcke sitzen (oder beim Mann sitzen würden).

Aufgabe:

- Göttliche Ernährungspunkte,
- Energetisierung der weiblichen Geschlechtsorgane,
- Stärkung der Verdauungsorgane,
- Punkt der Weiblichkeit,
- Macht annehmen und leben,
- Weiblichkeit annehmen und leben.

Hilfe bei folgenden Beschwerden:
Blockierte Kreativität, blockierte Umsetzung von Ideen und Visionen, Demütigung, Libidoverlust, Machtlosigkeit, Missbrauch, schwache Eierstöcke, schwache weibliche Geschlechtsorgane, Unfruchtbarkeit, ungesunde Ernährung, Unterdrückung, Unterleibsprobleme, Unterwürfigkeit, Weiblichkeit verstecken oder Angst haben, sie zu leben.

CM 7 und CM 8

Art:
Paarig

Ort:
Diese Christuspunkte befinden sich direkt auf oder unter der letzten tastbaren Rippe auf der Körpervorderseite parallel zur Mitte.

Aufgabe:

- Göttliche Ernährungspunkte,
- freier Energiefluss vom Oberkörper zum Unterkörper,
- Energetisierung der Leber,
- Leber- und Gallepunkt,
- Flexibilität in der Umsetzung von der geistigen auf die irdische Ebene.

Hilfe bei folgenden Beschwerden:
Besetzungen, blockierter Energiefluss vom Oberkörper in den Unterkörper, blockierte Umsetzung von Ideen und Visionen, Gallenprobleme (nur CM 7), Leberprobleme (nur CM 7), schwache Milz (nur CM 8), ungsunde Ernährung.

CE

Art:
Einzeln

Ort:
Dieser Christuspunkt befindet sich zwischen den Füßen in der Mitte auf dem Boden. Dies ist der einzige Christuspunkt, der sich außerhalb des Körpers befindet.

Aufgabe:

- Erdungspunkt mit dem Erdenstern-Chakra,
- Inkarnationspunkt,
- Gemeinschaftspunkt,
- Schutzpunkt,
- Realisationspunkt,
- Verbindung zum Kristallgitternetz,
- Stärkung der inneren Mitte,
- Umsetzung von Ideen und Visionen auf irdischer Ebene.

Hilfe bei folgenden Beschwerden:
ADHS/ADS, Auditive Wahrnehmungsstörung (AVWS), blockierte Umsetzungsenergien auf irdischer Ebene, Dyskalkulie, Einsamkeit, fehlende Erdung, fühlt sich haltlos und verloren, fühlt sich nicht dazugehörig, keine Verbindung zur eigenen Inkarnation, Konzentrationsschwäche, Leserechtschreibschwäche, Mobbing, nicht in die Handlung gehen können, Seelenkörper nicht im Körper, sich nicht vom Fleck bewegen können, stockende Bewegungen.

CF

Art:
Einzeln

Ort:
Dieser Christuspunkt befindet sich auf der Höhe des Herz-Chakras auf dem Brustbein.

Aufgabe:

- Friedenspunkt,
- Schutzpunkt,
- Harmonie,
- innere Ruhe,
- Mitgefühl,
- bei sich bleiben können,
- Konzentration auf sich selbst,
- Aufmerksamkeit auf sich selbst lenken.

Hilfe bei folgenden Beschwerden:
Ängste, die die eigene Existenz betreffen, (sei es im finanziellen, beruflichen oder auch gesundheitlichen Bereich), Auftreten von Ängsten aller Art, blockierte spirituelle Entwicklung, Demütigung, Hass, innere Unruhe, Konzentrationsschwäche während Prüfungen, (besonders bei Lernschwächen wie ADHS/ADS, Auditive Wahrnehmungsstörung (AVWS), Dyskalkulie, Legasthenie), Missgunst, Misstrauen, Mutlosigkeit, Neid, Prüfungsangst, Selbstzweifel, Schutzlosigkeit, ausgeliefert sein, Wut auf andere oder gegen sich selbst.

CH

Art:
Einzeln

Ort:
Dieser Christuspunkt befindet sich auf der Mitte des Kopfes, dort wo das Kronen-Chakra sitzt.

Aufgabe:
- Aktivierungspunkt des Christusnetzes,
- Himmelspunkt,
- Eintrittspunkt der göttlichen Energie in den Körper,
- Verbindung zu den Chakren über dem Kopf,
- Verbindung mit dem Höheren Selbst,
- Spiritualität,
- Öffnung des Potenzials,
- wahre Größe einnehmen und leben.

Hilfe bei folgenden Beschwerden:
Besetzungen, blockierter Energiefluss zu den unteren und oberen Chakren, blockierte Verbindung zu Gott/zur göttlichen Quelle, blockierende Rationalität, Demütigung, fehlender Mut, den nächsten Schritt zu gehen, Kopfweh, Machtmissbrauch von anderen, Migräne, nicht die wahre Größe einnehmen und leben, sich klein machen.

CR 1, CR 2, CR 3, CR 4, CR 5

Art:
Einzeln

Ort:
Nacheinander den Rücken entlang auf der Wirbelsäule.

Aufgabe:

- Energetisierung des Rückens,
- Zentrumspunkte für die jeweiligen Rückenbereiche,
- Aktivierungspunkte bei Bedarf,
- aufrecht stehen,
- zu sich stehen,
- die wahre Größe einnehmen und leben,
- Wahrhaftigkeit.

Hilfe bei folgenden Beschwerden:
Rückenprobleme aller Art, sich ducken, sich beugen, sich klein machen, finanzielle Sorgen (CR 4, CR 5), sich selbst zu viel aufladen, zu viel auf sich nehmen, zu viel für andere tragen.

CR 3, CR 4, CR 5 bei folgenden Beschwerden:

Beckenschiefstand (CR 4 und CR 5), Beschwerden in den Beinen durch Nervenschädigung im unteren Rückenbereich, wie zum Beispiel der Ischiasnerv, Hexenschuss, Lähmungen in den Beinen, Muskelschwäche in den Beinen.

CR 5

Art:
Einzeln

Ort:
Dieser Christuspunkt ist der letzte Rückenpunkt und befindet sich auf der Höhe des letzten Lendenwirbels.

- Aufgabe:
- Zentrierungspunkt des Rückens,
- Hauptrückenpunkt,
- Reichtumspunkt,
- Realisationspunkt von Ideen und Visionen auf Erdenebene,
- Punkt der Männlichkeit.

Hilfe bei folgenden Beschwerden:
Angst vor Armut, Angst vor Reichtum, blockierte Umsetzung von Ideen und Visionen, blockierte Männlichkeit, Beckenschiefstand, fehlende Erdung, finanzielle Schwierigkeiten, Hexenschuss, Probleme mit dem Ischiasnerv, untere Rückenprobleme.

Christusstern

Der Christusstern ist das Zentrum des neuen Energiesystems. Er schaltet die verschiedenen Energiebahnen frei, die aus ihm waagerecht, senkrecht und diagonal nach außen fließen und unabhängig vom Christusnetz sind. Es sind sozusagen die göttlichen Strahlen des Christusnetzes.

Der Christusstern verbindet uns, unser Christusnetz und unser Wahres Sein auf Erden mit der göttlichen und irdischen Ebene, der senkrechten und waagerechten Ebene, wie auch mit den diagonalen Ebenen. So sind wir mit allen optimal verbunden. Auf energetischer Ebene ist der Christusstern ein weißer Kristall, der aus der Mitte unseres Seins erstrahlt. Dieser Christusstern muss erst gesetzt werden, damit er in Aktion treten kann. Wie das genau vor sich geht, erkläre ich in dem Kapitel „Christusstern setzen".

Der Christusstern bildet mit seinen verschiedenen Bahnen in alle Richtungen eine Art Sonnenstern. Bei manchen Strahlen zeigen sich zusätzlich noch einzelne Kristalle, die hintereinander angeordnet sind. Die Kristalle können verschiedene Farben haben, was bei den einzelnen Menschen unterschiedlich und individuell ist.

Der Christusstern und die daraus entstehenden Energiestrahlen und der damit verbundene Kontakt mit den einzelnen Ebenen bergen einen besonderen Schutz in sich. Durch ihre klare Anordnung und ihre göttliche Christuskraft schützen sie uns vor fremden Energien, Beeinflussungen und Manipulationen, wie bereits erläutert, und helfen uns dabei, uns kraftvoll in unserem eigenen Energiesystem und Inkarnationsstrahl aufrechtzuhalten.

Inkarnationsstrahl

Der Inkarnationsstrahl scheint auf uns und vereint uns mit unserem jetzigen Leben auf dem Planeten Erde. Dieser wundervolle Strahl entfaltet seine Wirkungsweise von der göttlichen Quelle aus über uns bis in die Erde hinein. Stehen wir nicht in unserem Inkarnatiosstrahl, fehlt uns die Kraft der Umsetzung auf Erden, fehlen uns die Erdung und das Gefühl, in unserem Leben auf Erden zu Hause zu sein. Oft kommt dann das Gefühl auf, man gehöre nicht dazu. Eine Sehnsucht nach den Sternen, wo die eigentliche Heimat ist, ist dann sehr stark ausgeprägt, was meistens auch von dem Patienten selbst so kommuniziert wird.

Oft habe ich in meinen Behandlungen gesehen, dass der Inkarnationsstrahl nicht direkt auf den Menschen strahlt, sondern etwas entfernt von ihm, was immer ein Zeichen dafür ist, dass der Mensch noch nicht mit seiner Inkarnation eins geworden ist. Der Grund dafür kann sein, dass er Angst hat, auf Erden zu sein, dass er die eigene Inkarnation noch nicht angenommen hat oder ihm die entsprechende Erdung im Leben aufgrund einer schwierigen Geburt fehlt. Es kann aber auch sein, dass er Schlimmes erlebt hat, durch ein Trauma aus seiner Mitte gerissen wurde und sich deswegen nicht mehr in seinem Inkarnationsstrahl befindet. Es gibt viele Ursachen, warum man nicht in seinem Inkarnationsstrahl steht.

Während einer energetischen Behandlung könnte man dies ändern und den Menschen wieder mit seinem Inkarnationsstrahl verbinden und eins werden lassen. So fällt es dem Menschen und seiner Seele leichter, Traumata zu verarbeiten, seinen Weg weiterzugehen, Ideen umzusetzen, sich zu erden und eins mit seinem jetzigen Leben zu werden. Diese Behandlung gehört nicht in die Behandlung in Form der Aktivierung des Christusnetzes, sondern dazu wäre ein eigener Termin bei einem Therapeuten notwendig, um die Ursache für diese Entfernung aus dem eigenen Inkarnationsstrahl in Ruhe zu finden.

Ich möchte den Inkarnationsstrahl hier nur einmal kurz erwähnen, damit ihr Bescheid wisst, was es mit ihm auf sich hat und weil ich aus Erfahrung weiß, dass es sehr schwer ist, Menschen zu behandeln, die sich nicht in ihrem Inkarnationsstrahl befinden und ihr jetziges Leben nicht angenommen haben.

Christusfunken

Diese kraftvollen Funken sind aufgeladene Energieteilchen, die mit höchster göttlicher Energie gefüllt und von ihrer Farbe eher untypisch für die Energie von Jesus Christus sind, denn sie erstrahlen in einem Orange-Gelb-Weiß, wobei das Orange innen und das Gelb um das Orange herum zu sehen ist, ummantelt von der Farbe Weiß. Sie tragen das Element Feuer in sich. Es ist die tiefste und höchste Christusenergie, mit der Jesus auch die Menschen auf Erden heilen konnte. In erster Linie ist die „normale" Christusenergie in verschiedensten Blautönen mit etwas Weiß zu sehen, die Christusfunken heben sich davon deutlich ab. Wegen ihrer kraftvollen Wirkung, die unmittelbar eintritt, dienen sie der schnellen Schwingungserhöhung auf der energetischen Ebene.

Christusfunken sind Energiepartikel, die den Körper auf energetischer Ebene stärken können, und das auf schnelle Art und Weise. Diese Partikel sind orange-gelb-weiße Funken, die in Mengen auftreten und wie kleine Explosionen im Körper wirken, wenn sie auf ihn treffen. Durch diese „Explosionen" wird Energie freigesetzt, die dann die einzelnen Körperregionen energetisieren und die Schwingung dort erhöhen kann. Das können Bereiche sein, wie die Aura, die Organe oder der Körper als Ganzes.

Die Wirkungsweise der Christusfunken verwende ich dann, wenn eine schnelle Erhöhung der Eigenschwingung gefordert ist, wenn man sich müde und schlapp fühlt, oder wenn man selbst merkt, dass die Energie sinkt. Ich lasse mir dann die Christusfunken von Jesus Christus direkt in die Hände geben, wofür ich sie in der empfangenden Haltung mit den Handinnenflächen nach oben halte und die Funken, wenn ich sie bekommen habe, dann mit voller Wucht auf mein Gegenüber werfe. Das mag sich jetzt etwas komisch anhören, aber so ist es wirklich: *Werfen mit voller Kraft.* Ich freue mich immer, wenn ich das machen darf, weil die Magie und Kraft dahinter einfach so wunderbar machtvoll und stärkend für denjenigen sind. Es ist der göttliche Christuszauber, der jedem Funken innenwohnt

Bei der Behandlung „Aktivierung des Christusnetzes" setze ich die Christusfunken als abschließende Stärkung des energetischen Körpers ein, die Aura mit eingeschlossen. Die Christusfunken von Jesus Christus zu empfangen und sie dann zu werfen, ist ein immer magischer Moment, bei dem ich selbst ein Kribbeln in meinem Körper verspüre.

Im Übrigen gibt es auch die Möglichkeit, die Christusfunken einzeln zu setzen, für eine großflächige Anhebung der Schwingung aber ist ein Werfen von vielen Funken geeigneter.

Ebenso könnt ihr euch selbst mit den Christusfunken energetisieren, indem ihr euch selbst in Gedanken vor euch hinstellt und die Christusfunken auf euren energetischen Körper werft. Diese Art von Energetisierung wirkt manchmal Wunder und eine plötzliche Anhebung eures Energiestatus' tritt ein.

Christusfunken haben folgende Fähigkeiten und Wirkung:

- Sie stärken die Aura,
- sie bilden einen schnellen Schutz in der Aura vor Fremdeinwirkungen und Beeinflussungen von außen,
- sie können Organe in ihrer Schwingung erhöhen und stärken, indem die Organe speziell mit einzelnen Christusfunken „beworfen" werden,

- sie stärken unser Wahres Sein,
- sie erhöhen die Eigenschwingung,
- sie lassen uns präsenter und kraftvoller wirken,
- sie wirken wie ein Motivationsschub.

Christusfunken stärken die Aura und den energetischen Schutz

Ebenso kann die Aura mit den Christusfunken energetisiert werden, indem ihr die Funken in die Aura werft. Wenn die Christusfunken auf die verschiedenen Aura-Schichten treffen, leuchtet die Aura-Energie nach einer kurzen Wirkungszeit stärker. Des Weiteren können die Christusfunken Blockaden und Energiestaus in der Aura auflösen und energetische Löcher stopfen. Beim Werfen der Christusfunken am Ende der Aktivierung des Christusnetze werden hauptsächlich die ersten drei Aura-Schichten energetisiert: ätherischer Körper, emotionaler Körper und mentaler Körper.

Natürlich könnt ihr darüber hinaus die anderen Aura-Schichten ebenso mit den Christusfunken energetisieren. Das wäre dann in meinen Augen eine separate Behandlung, die speziell darauf ausgerichtet ist. In dieser Behandlung könntet ihr euch dann zusätzlich auf Blockaden, chaotische Energien oder stockende Energien – wie Verletzungen in der Aura-Schicht – konzentrieren, um diese zu lösen. Bei der Aktivierung des Christusnetzes jedoch geht es allein um eine schnelle Energetisierung der Aura und des energetischen Körpers.

Die Funken können die Aura so intensiv mit Energie anreichern und ihre Schwingung erhöhen, dass sie einen Schutz um den Menschen herum bilden. Dieser Schutz hält zwar nicht tagelang an, aber schon eine gewisse Zeit, die es für die Situation oder den Moment braucht.

Blockaden in den ersten drei Aura-Schichten können entstehen durch:

- Krankheit,
- Schock,
- seelische Verletzungen,
- langanhaltende Missstände,
- Erfahren von Demütigung und Missachtung,
- eigene Muster, wie negatives Denken, Neid, Missgunst, Eifersucht usw.,
- Erfahrungen aus vergangenen Leben oder unser jetziges Leben, was uns in unserer wahren göttlichen Kraft auf Erden mindert.

Löcher, Energiestaus oder chaotische Energie in der Aura können sich entwickeln durch:

- Rauchen,
- Drogen,
- Medikamente,
- hohen Alkoholkonsum,
- zu viel Geschlechtsverkehr,
- sexuellen Missbrauch,
- Mobbing,
- keine richtige Erdung in der eigenen Inkarnation,
- ungesundes Essen, wie zum Beispiel *Fast Food*.

Einzelne Christusfunken in der Heilung eingesetzt

Christusfunken können auch unabhängig von einer reinen Christusenergie-Behandlung zur Anwendung kommen, sei es in den einzelnen Organen, Aura-Schichten oder anderen Körperstellen. Werden die Christusfunken bei den Organen einzeln eingesetzt, können diese sozusagen von innen her diese Organe, Körperstellen oder Aura-Schichten energetisieren. Dabei gilt es, sich einzelne Funken dafür von Jesus Christus geben zu lassen. Öffnet eure Hände und empfangt die einzelnen Lichtfunken. Diese hier sind etwas größer als die Christusfunken, die man am Ende einer Aktivierung des Christusnetzes erhält. Sie sehen aus wie Kristalle und tragen die Farbe Weiß-Kristallin.

Wenn ihr einzelne Christuspunkte mit euren Fingern setzt – ich halte sie immer zwischen den Fingern –, dann ist es von Vorteil, wenn ihr eine gewisse Struktur vor Augen habt. Meistens sind es dann Dreiecke oder Parallelen oder andere geometrische Formen, die der platonischen Körperenergie entspringen.

Bei Halsweh zum Beispiel wäre es gut, nicht nur an der schmerzenden Stelle und Seite die Christusfunken zu setzen, sondern auch genauso gegenüber, sodass es immer ein harmonisches Zusammenspiel gibt. Es ist wie die heilige Geometrie, nur mit Kristallen erschaffen.

Oder ihr setzt einen Christusfunken in das Zentrum eines Christusnetzes eines Organs, dann wird das Christusnetz des Organs mit höchster Heilenergie genährt. Es gäbe auch die Möglichkeit, dort noch einmal acht Christusfunken um das Zentrum herum zu setzen, das würde dann einen Kreis ergeben und die heilige Energie des Kreises noch zusätzlich wirken. Ihr könnt also hier wirklich eurer göttlichen Kreativität freien Lauf lassen. Eine geometrische Anordnung wäre also immer von Vorteil, denn sie strahlt die göttliche Geometrie aus, die heilend auf uns und unseren Körper wirkt. Verlasst euch auf eure Intuition und Jesus Christus, sie werden euch leiten, was das Beste für euer Gegenüber oder für euch selbst ist. Christusfunken zu setzen kann auch über die Ferne auf seelischer und energetischer Ebene geschehen.

Aktivierung des Christusnetzes bei anderen

Bei dieser Behandlung ist es wichtig, vorher kurz in die Stille zu gehen und sich selbst mit der Seele, mit Mutter Erde, mit Gott/göttlicher Quelle und Jesus Christus zu verbinden. Zündet eine Kerze an, am besten eine energetisierte Kerze, zum Beispiel mit der Energie von Jesus Christus oder einem speziellen Erzengel, der euch bei der Aktivierung unterstützen soll.

Jeder Mensch ist einmalig und individuell, so auch sein Energiefeld, sein energetischer Körper und seine Seele. Wenn wir eine Aktivierung vornehmen, verbinden wir uns vor der eigentliche Behandlung mental mit dem zu Behandelnden. Dadurch wird eine Herzensverbindung, sozusagen eine Verbindungslinie, aufgebaut.

Also, wir gehen in die Stille, verbinden uns mit uns selbst und mit dem zu Behandelnden und bitten um den nötigen Schutz, den wir für diese besondere Aktivierung benötigen. Der Schutz kann aus Erzengeln, Engeln, Sternenengeln, Einhörnern oder auch Aufgestiegenen Meistern bestehen. Stellt euch vor, wie sie um euch herum einen Kreis bilden. Dieser Kreis ist eine schützende Energie, die gleichzeitig auch einen heiligen Raum darstellt, in den keine anderen Energien hereinkommen und stören können. Dieser Schutz ist in der heutigen Zeit sehr wichtig.

Die Aktivierung selbst findet auf der Seelenebene statt. Dafür öffne ich erst die energetische Ebene und dann die Seelenebene. Jeder kann für sich seine eigene Methode finden, wie er das umsetzt. Ich selbst stelle mir immer vor, ich öffne eine Tür, um auf die nächste Ebene zu gelangen. Die Aktivierung dauert bei mir in der Regel so um die 30 Minuten. Wichtig dabei ist, dass man sich selbst die Zeit geben sollte, um alles ordentlich machen zu können.

Für die Behandlungsdauer muss man wissen, dass die Christusenergie sehr hochschwingend ist und es auch Kraft und eine starke innere Mitte bedarf, diese Aktivierung bei anderen durchzuführen. Bei sich selbst ist es etwas anders, da wir ja sozusagen unsere eigene Energie sind. Aber euer Gegenüber trägt eine andere Schwingung und Seelenenergie in sich, auf die wir uns einstellen müssen.

Für die Aktivierung ist es wichtig, eine gute Intuition und Wahrnehmung zu haben, denn es kann auch sein, dass man von oben, also von der göttlichen Ebene oder von Jesus Christus aus, kein Okay für die Behandlung erhält. Dann muss man die Behandlung beenden und dem zu Behandelnden auch mitteilen, dass es noch etwas Zeit bedarf, bist die Aktivierung stattfinden kann.

Nachher im Kapitel" „Aktivierung des Christusnetzes" werde ich noch mal ganz speziell auf die Behandlung und die zu aktivierenden Punkte eingehen.

Es gibt Christuspunkte, die nur individuell in einer Behandlung vor dem geistigen Auge erscheinen. Das zeugt von der Individualität von Mensch zu Mensch. Jeder ist unterschiedlich, der eine braucht eine stärkere Stabilität, der andere benötigt eine stärkere Energetisierung in seiner Heiligkeit an den Rückenpunkten oder vielleicht eine Energetisierung im Solarplexus, um seine innere Mitte zu stärken. Es können sich also zusätzliche Punkte in der Behandlung zeigen, die nicht bei der eigentlichen Aktivierung in diesem Buch aufgeführt sind, die aber wichtig sind für den zu Behandelnden. Da gilt es, ganz eurer Intuition zu folgen, sich aber gleichzeitig nicht von der eigentlichen Aktivierung abbringen zu lassen. Klarheit, Erdung, Wahrnehmung und Intuition sind die Basis für diese besondere Christusbehandlung.

Es gibt natürlich auch das Beispiel, dass eine komplette Aktivierung zu heftig ist für den Patienten, dann muss man schauen, wie man die Energie etwas drosseln kann, und die Aktivierung dann zügig beenden.

Jesus Christus begleitet euch immer bei der Aktivierung, ihn könnt ihr fragen, wenn ihr mal nicht weiterwisst. Wichtig für diese Behandlung, aber auch für alle Arten von Behandlung, ist es immer, sich selbst nicht zu überschätzen, um dem zu Behandelnden keinen Schaden zuzufügen. Eine klare Selbsteinschätzung ist Voraussetzung und Bedingung für das Wohl der Patienten und auch des Behandlers.

Aktivierung des Christusnetzes bei sich selbst

Hier gilt ebenfalls, in die Stille zu gehen, sich mit der eigenen Seele, mit Mutter Erde, mit Gott und Jesus Christus zu verbinden. Auch einen schützenden Raum zu erschaffen ist eine Voraussetzung für die Aktivierung des Christusnetzes bei sich selbst. Der einzige Unterschied zu der Behandlung von anderen ist, dass ihr euch selbst vor euch vorstellen müsstet, so, als wäret ihr euer eigener Patient. Ihr könnt natürlich auch versuchen, die Punkte direkt an eurem Körper zu energetisieren, aber aus Erfahrung weiß ich, dass dies der schwierigere Weg ist, sein Christusnetz zu aktivieren. Am leichtesten und effektivsten geht es über die Seelenebene mit der eigenen Vorstellungskraft in unserem geistigen Auge. Eine gewisse Art von Hellsicht hilft bei der eigenen Aktivierung wie auch der Aktivierung bei anderen.

Aktivierung des Christusnetzes

Für die Aktivierung des Christusnetzes bei sich oder bei anderen ist es wichtig, einen Raum dafür zu schaffen und sich dafür ausreichend Zeit zu nehmen. So mal schnell ein Christusnetz aktiveren, davon rate ich ab. Genaues Arbeiten ist beim Medialen Heilen die Voraussetzung für eine gute Behandlung.

Wenn ihr – als Therapeuten, Heiler, Heilpraktiker – bei euren Patienten das Christusnetz aktivieren wollt, vereinbart einen Termin miteinander, an dem ihr beide in die Stille gehen könnt. Voraussetzung für die Aktivierung bei anderen ist das Wissen darüber, dieses tun zu können, aber auch zu dürfen – und die Gabe dafür. Ihr tragt in dem Moment die Verantwortung für die Aktivierung des Christusnetzes eures Gegenübers, das ist nicht zu unterschätzen. Wenn ihr die Aktivierung bei euch selbst durchführt, braucht ihr keine Erlaubnis von „ganz oben", denn ihr entscheidet selbst, ob ihr sie macht oder nicht.

Für mich ist die Aktivierung am einfachsten, am wirksamsten und am intensivsten, wenn ich diese per Ferne durchführe. Wenn ihr für diese Behandlung auf die Seelenebene geht, dürft ihr nicht dabei gestört werden, weswegen es besser ist, dieses über die Ferne zu tun, denn auch euer Patient selbst strahlt eine Energie aus, die beeinflussend wirken kann.

Die Christusenergie fließt durch euch hindurch, über eure Hände und die Mittelfinger in die jeweiligen Punkte hinein. Sie strömt dabei direkt aus den Spitzen der Mittelfinger zu dem jeweiligen Punkt. Nehmt dafür die Christushandhaltung ein (siehe Kapitel „Handhaltung bei der Aktivierung").

Innere Stabilisierung

Es gibt vier Christuspunkte, die für die innere Stabilität zuständig sind: die Punkte CS 1 und CS 2, CS 3 und CS 4. Die Punkte an den Fußsohlen CS 1 und CS 2 werden als Erstes mit der Christushandhaltung energetisiert. Dabei stellt ihr euch vor, wie zwei gerade Kanäle durch den Körper nach oben zu den Punkten CS 3 und CS 4 verlaufen und energetisiert werden. Viele brauchen diese besondere Stabilisierung, weil sie einfach keinen festen Stand haben. Später in der Behandlung könnt ihr diese Stabilisierung auch von oben her noch einmal, also von den Punkten CS 3 und CS 4 zu den Punkten CS 1 und CS 2, stärken, wenn ihr es als nötig empfindet.

Es kann aber vorkommen, dass ihr von oben aus gar nicht noch mal diese Energiebahnen stärken müsst. Die beiden Christuspunkte CS 1 und CS 2 werden in jeder Aktivierung energetisiert. Doch nun kommt der Unterschied zu den anderen Christuspunkten in der Aktivierung: Diese Stabilisierung kann vor Beginn der Aktivierung der Anfangspunkte CA 1 und CA 2 stattfinden, oder direkt danach. Diese Entscheidung tragt ihr allein, denn die energetische Situation ist bei jedem Menschen verschieden. Deswegen führe ich diese Stärkung der Stabilisierung nicht direkt bei der nachfolgenden Aktivierung auf, sondern nur als eine kleine Notiz.

Die Aktivierung des Christusnetzes findet wie folgt statt:

1. Aktivierung der einzelnen Christuspunkte,
2. Setzen und Aktivieren des Christussterns,
3. Verbindung mit dem Kristallgitternetz der Erde,
4. Energetisierung mit den Christusfunken.

Aktivierung der einzelnen Christuspunkte

Setzt euch zu dem vereinbarten Termin in einen dafür optimalen Raum hin und geht in die Stille. Schaut, dass ihr mit beiden Füßen auf dem Boden seid, damit ihr die optimale Erdung für die Behandlung habt. Zündet vielleicht eine Kerze als energetische Unterstützung an. Schafft einen heiligen Raum auf irdischer Ebene, wie auch auf energetischer Ebene. Geht in die Stille, atmet in eure Seele ein und aus und kommt in die innere Ruhe und die Gegenwart eures Jetzt.

Ruft nun die Engel, Erzengel, Sternenengel oder Einhörner, damit sie einen heiligen Kreis des Schutzes um euch erschaffen, so seid ihr, du und dein Patient, geschützt vor eventuellen Fremdenergien aus dem Außen. Nun nehmt Jesus Christus vor euch wahr und bittet ihn, euch durch die Behandlung zu begleiten. Wartet so lange, bis ihr ihn sehen oder/und spüren könnt.

Dann stellt euch euren Patienten vor euch vor. Baut eine Herzverbindung zu ihm auf, indem ihr einen rosa Strahl von Herz zu Herz fließen lasst. Atmet noch mal ein und aus und beginnt dann, die erste Tür auf die energetische Ebene zu öffnen. In dieser ersten Ebene prüft ihr, ob eventuelle Verstrickungen oder blockierende Energien um den Patienten herum zu sehen sind und ihn gefangen halten. Verstrickungen sind Verbindungen zu anderen Menschen, die störend sind, die Herzensliebe kann dann nicht frei fließen. Vielleicht befindet sich der Patient auch in einem kleinen Raum oder in einem Irrgarten, es kann alles Mögliche sein. Löst diese blockierenden Energien und Verstrickungen von ihm, eventuell mit Hilfe von Erzengel Michael, und stellt ihn in seinen göttlichen Strahl. Stellt euch vor, wie sein göttlicher Strahl auf ihn scheint und die göttliche Energie durch ihn hindurchfließt. Befinden sich dort ebenfalls noch Blockaden, sind diese wieder zu lösen, sodass sich die Energie des Patienten frei entfalten kann. Ihr könnt auch mit euren Händen dafür entsprechende Bewegungen machen, so, als würdet ihr in echt die Energien von ihm lösen und das goldene Licht durch ihn hindurchführen. Ist alles in seiner göttlichen Ordnung, geht weiter in der Behandlung.

Öffnet die zweite Tür, die auf die Seelenebene führt.

Nun stellt euch euren Patienten genau vor euch vor, und zwar im Liegen, sodass ihr an seinen Füßen steht und die Fußsohlen zu euch zeigen. Nun geht ihr mit der Christus-Handhaltung, die ihr jetzt einnehmt, zu den ersten Christuspunkten CA 1 und CA 2 unten auf der Fußsohle, die sich in der Mitte der Ballen befinden, und energetisiert diese Punkte, indem ihr die Mittelfinger darauf haltet. Nun ist eure Vorstellung und Wahrnehmung gefragt. Fühlt genau hinein, ob sich gleich ein Energiesystem zeigt, also goldene Linien, die von diesem Punkt aus im Körper verlaufen, oder ob es sich blockiert anfühlt. Es kann sein, dass ihr eure Hände nachjustieren müsst, weil ihr nicht ganz den Punkt getroffen habt. Bei einigen Menschen sind sie nicht genau dort, wo ich sie beschrieben habe, sondern etwas weiter unten oder oben, aber nur minimal von den Hauptpunkten entfernt.

Wenn ihr merkt, dass die Christusenergie nicht gleich in das Netz einströmt und es sichtbar werden lässt, lasst die Christusenergie in die Aktivierungspunkte so lange einfließen, bis sie sich öffnen und das Christusnetz nach und nach aktiviert wird. Ihr könnt auch die Blockade, die sich dort befindet, bewusst mit eurer Vorstellung auflösen, dann geht es etwas schneller.

Fließt die Energie in das Christusnetz, baut es sich von unten nach oben auf, also von den Fußsohlen über die Füße und Unterschenkel, zu den Oberschenkeln, zu den Leisten und zum Becken, weiter in den Bauchraum und Brustraum, weiter über die Schultern in die Arme und Hände, dann in den Kopf.

Es kann sein, dass bei einigen der Kopf von selbst aktiviert wird, ohne dass ihr bewusst eure Aufmerksamkeit darauf lenken müsst. Später könnt ihr das Christusnetz im Gehirn über den C1 und C0 in der Behandlung noch energetisieren, wenn es nötig sein sollte. Der Kopf bzw. das Gehirn ist ein sehr empfindlicher Körperbereich, den ihr immer mit größter Vorsicht behandeln solltet.

Aufgrund dieser hohen Sensibilität gibt es dort nicht so viele Christuspunkte wie im übrigen Körper.

Nun könnt ihr die Stabilisierungspunkte CS 1 und CS 2 energetisieren, wenn sie nicht vor den Anfangspunkten gestärkt werden sollten. Stellt euch dabei vor, wie sich zwei goldene Energiebahnen von unten nach oben durch den Körper aufbauen und so den Menschen von innen her stärken und stabilisieren. Diese Energetisierung kann etwas Zeit in Anspruch nehmen, aber es ist wichtig, es zu tun.

Bei der ersten Aktivierung geht die Energie oft nur bis zu den Knien oder dem Becken und wird dann schwächer. Deswegen geht ihr zu den nächsten Christuspunkten, um nach und nach das ganze Energiesystem in die Kraft und Stärke zu bringen, die es in sich trägt. Stellt euch dabei vor, wie der Patient vor euch steht und nicht mehr liegt.

Die nächsten Christuspunkte sind die C 15 und C 16, um dort die kraftvolle Aktivierung fortzusetzen. Ihr bleibt immer so lange an den jeweiligen Christuspunkten, bis ihr merkt, dass dort die Energetisierung zu Ende ist. Dann geht ihr weiter und energetisiert die Christuspunkte C 17 und C 18.

In diesen Christuspunkten C 17 und C 18 könnt ihr wahrnehmen, wie stark nun die Energie in den Oberkörper einfließt und das Christusnetz zum Erstrahlen bringt. Verweilt dort so lange, wie ihr es fühlt.

Als Nächstes sind die Christuspunkte C 19 und C 20 dran, um in der Aktivierung weiter voranzugehen. Legt euren Mittelfinger auf diese Christuspunkte und lasst die Christusenergie weiter einfließen, so wird das Christusnetz im Oberkörper und den Armen und Händen noch mal bewusst energetisiert. Lenkt eure geistige Vorstellung darauf.

Dann geht mit eurer Aufmerksamkeit auf die Rückseite des Körpers. Legt eure Mittelfinger auf die Christuspunkte C 3 und C 4 und lasst die Christusenergie dort einfließen. Diese beiden Christuspunkte stehen für die Heiligkeit in euch, denn es sind die Stellen in eurem Körper, wo eure Engelsflügel herauskämen, hättet ihr diese.

Lasst immer so lange die Christusenergie durch eure Finger in die jeweiligen Christuspunkte fließen, bis ihr merkt, dass die Stellen warm werden. Wartet dann noch etwas, bis der Energiefluss in euren Fingern langsam abnimmt, und geht dann zu den nächsten Aktivierungspunkten.

Es kann auch vorkommen, dass ihr nach der vorherigen Wärme eine Energie verspürt, die kälter wird. Dann ist es ebenfalls ein Zeichen dafür, dass dort genug an Energie geflossen ist.

Als Nächstes kommen die Christuspunkte C 5 und C 6 dran. Diese beiden Christuspunkte sind für die Stabilisierung des Rückens zuständig und stehen für das aufrechte Stehen. An diesen Punkten haltet ihr euch sozusagen aufrecht, auch auf seelischer Ebene.

Danach geht ihr weiter und energetisiert die Christuspunkte C 7 und C 8. Sie befinden sich in den leichten Dellen über dem Po. Auch diese Christuspunkte sind für die Stabilisierung des Rückens zuständig.

Als letzten Punkt für den Rücken geht ihr zu dem Christuspunkt CR 5, der am Anfang der Po-Falte auf der Höhe der unteren Lendenwirbel (siehe Infografik) liegt. Er steht ebenfalls für die Stabilität im Rücken.

Stellt euch immer wieder bei den einzelnen Punkten vor, wie die Christusenergie einfließt und dort das Christusnetz aktiviert und energetisiert wird, sodass am Ende der Behandlung ein dreidimensionales, in sich geschlossenes Energienetz im Körper entsteht.

Nachdem ihr den Christuspunkt CR 5 energetisiert habt, geht ihr mit eurer Aufmerksamkeit nach oben zu den Punkten C 1 und C 2. Diese zu energetisieren ist wichtig, weil sie für die Verbindung von der Körperebene zur Geistebene stehen. Lasst die Christusenergie durch euch in diese beiden Punkte strömen. Ihr könnt die Christuspunkte C 1 und C 2 nacheinander oder gleichzeitig energetisieren.

Ist die Energetisierung in diesen Punkten beendet, fühlt in euch hinein, was eure Wahrnehmung euch nun sagt.

Braucht der Patient noch eine weitere Energetisierung speziell im Rücken, so energetisiert jeweils einzeln die Christuspunkte CR 1 bis CR 4, um eine weitere Energielinie im Körper zu schaffen. Das kann vor allem bei Patienten mit Rückenproblemen unterstützend wirken. Verliert euch aber nicht dabei und kehrt danach wieder zu der eigentlichen Aktivierung zurück.

Anschließend geht ihr mit eurer Aufmerksamkeit zu den Christuspunkten C 9 und C 10, um dort die Energiebahnen ebenfalls zu aktivieren. Viele Menschen haben nicht so einen sicheren Stand, und da ist es dann wichtig, auch dort diese Christuspunkte zu stärken. Wie gesagt, fühlt zwischendurch immer wieder mal hin, was euer Gegenüber wirklich braucht.

Dann werden die folgenden Christuspunkte C 11 und C 12 energetisiert. C 11 und C 12 sind ebenfalls für die Erdung des neuen Energiesystems zuständig, von dort beginnt zusammen mit den Anfangspunkten die Verbindung zum Kristallgitternetz der Erde.

Bei Bedarf könnt ihr dann noch die Christuspunkte C 13 und C 14 energetisieren, die in den Fußgelenken liegen und eine extra Stabilität in den Füßen und Stärkung in der Erdung schaffen.

Seid ihr nun bei den Füßen angekommen, geht ihr einmal hoch zu dem Himmelspunkt, der sich auf der Mitte des Kronen-Chakras befindet. Dieser Christuspunkt schaltet die Verbindung zu Gott frei. Auch hier sind geistige Vorstellung und Medialität gefragt, falls sich dort eine Blockierung befinden sollte. Der Himmelspunkt CH ist wichtig, damit das Christusnetz mit Gott verbunden ist.

Als abschließende Punkte werden die Christuspunkte CA 8 und CA 9 aktiviert. Diese beiden letzten Christuspunkte sind wichtig, um das ganze System abzurunden. Sie befinden sich in der Innenseite der Unterschenkel, so circa vier Fingerbreit unter dem Knie. Mit dieser Aktivierung bekommt das Christusnetz noch einmal eine andere Qualität, die Schwingung erhöht sich, und das gesamte neue, energetische System wird auf eine höhere Ebene gehoben, es wird sozusagen angeschaltet. Dort findet die Aktivierung der einzelnen Christuspunkte ihr Ende.

Christusstern setzen und aktivieren

Mit dem Setzen des Christussterns in die Mitte unseres Körpers, in der Höhe unserer Brust, werden verschiedene Energiebahnen aktiviert, die nach außen führen. Es sind waagerechte, senkrechte und diagonalen Energiebahnen, die freigeschaltet werden, wenn die Christusenergie aus dem Christusstern nach außen erstrahlt.

Wie setzt ihr aber den Christusstern? *Setzen* ist vielleicht nicht das richtige Wort, er wird eher durch den Kristall von Jesus Christus freigeschaltet, aber im Kontext passt *setzen* einfach besser.

Bleibt also immer noch in der Energie der Behandlung. Bittet nun Jesus Christus, euch einen Kristall zu geben, der genau in die Aussparung, also in die Vorrichtung des Christussterns, passt, die sich in der Mitte des Körpers in der Höhe unserer Brust befindet. Diese Vorrichtung ist schon immer da und wird erst dann sichtbar, wenn der Christusstern freigeschaltet werden soll. Es ist keine störende Konstruktion.

Wenn der Christusstern durch das Setzen des Kristalls aktiviert wird, löst sich diese Vorrichtung automatisch auf und wird eins mit der Energie des Christussterns.

Ihr bittet also Jesus Christus, euch den Kristall zu geben, der genau für diesen Menschen bestimmt ist. Empfangt ihn in eurer rechten Hand und setzt ihn dann in die Mitte der Vorrichtung ein. Es macht einen kurzen Klick. Den Kristall muss man meistens noch etwas drehen, damit er sich ganz einfügen kann. In dem Moment aber, wo der Christusstern durch den Kristall aktiviert wird, können die Energiebahnen in alle Richtungen regelrecht nach außen schießen, wie Blitze, die von innen nach außen durch den Körper gehen.

Die nun aktivierten Energiebahnen verbinden jetzt den energetischen Körper und das Christusnetz mit der göttlichen Quelle, mit dem Wahren Sein auf Erden und mit Mutter Erde. Oft sind auf den Energiebahnen Kristalle zu sehen, die hintereinander angeordnet sind. Diese Kristalle können von unterschiedlicher Farbe sein und eine sehr starke kristalline Kraft aufweisen.

Der Christusstern ist meistens in der Farbe Kristallweiß zu sehen, es kann aber auch sein, dass er eine andere Farbe ausstrahlt. Der Christusstern hilft uns dabei, in der göttlichen Ordnung zu sein und zu bleiben, gerade was die Energien in unserem Umfeld betrifft. Er gibt uns eine gewissen Sicherheit und Halt, den wir in diesen aufregenden Zeiten wirklich brauchen können.

Mit dem Kristallgitternetz der Erde verbinden

Ist der Christusstern gesetzt, gilt es nun, das Christusnetz an das Kristallgitternetz der Erde anzuschließen, damit wir eine optimale Ausrichtung haben. Wir werden von der Anbindung an das Kristallgitternetz, von der Verbindung zur göttlichen Quelle, von unseren Energiebahnen des Christusnetzes und durch unseren aktivierten Christusstern energetisch durchs Leben getragen.

Für den Anschluss an das Kristallgitter ist wieder eure geistige Vorstellungsgabe gefragt. Stellt euch vor, wie ihr die Energielinien des Christusnetzes über die Christuspunkte CA 4 und CA 5, C 11 und C 12 in den Füßen und über den Christuspunkt CE mit dem Kristallgitternetz verbindet. Es wachsen sozusagen diese Energielinien aus dem Christusnetz heraus, hinunter zum Kristallgitternetz. Die Energielinien docken sich dann an das Kris-tallgitternetz der Erde an. Fertig ist die Anbindung!

Ihr könnt für die Anbindung entsprechende Handbewegungen machen oder sie allein mit eurem Geiste ausführen. Ich mache immer beides. Ihr könnt dabei eure Hände so halten, dass die Handflächen nach innen zueinander zeigen und ihr dann die Energien von oben nach unten leitet. Ich selbst mache das immer drei Mal in nicht so schneller Geschwindigkeit, um eine starke Erdung herbeizuführen.

Wenn der Körper sich in seiner Schwingung erhöht, und das tut er mit der Aktivierung des Christusnetzes, ist es sehr wich-

tig, dass eine gute Erdung besteht. Es ist zudem unerlässlich, dass ihr immer behutsam mit dem Patienten umgeht und nicht so schnelle Bewegungen ausführt. Auch wenn die Behandlung per Ferne ist, kann der Patient es sehr stark spüren, wenn ihr zu schnell agiert oder auch hudelt. Ruhe, Geduld und Sich-Zeit-Lassen sind bei jeder Behandlung geboten.

Energetisierung mit den Christusfunken

Am Ende der Aktivierung des Christusnetzes gibt es immer noch ein energetisches Schmankerl.

Ich werfe die Christusfunken in den energetischen Körper meines Gegenübers (per Ferne natürlich). Bei diesem Vorgang merke ich immer, wie magisch diese Christusfunken sind. Ich lasse mir von Jesus Christus die Christusfunken geben und werfe sie dann in die Mitte des Körpers, dann in den oberen Teil des Körpers und dann in den unteren Teil. Danach werfe ich die Christusfunken von der Mitte aus nach außen in einer Kreisbewegung in die Aura hinein. Das jeweils einmal. Fertig!

Ihr könnt da ruhig etwas stärker vorgehen, es ist eine unmittelbare Energetisierung, die auf jeden Fall positiv von eurem Gegenüber empfunden wird, wenn es dazu die Wahrnehmung in sich trägt.

Beenden der Behandlung

Auch das Ende einer jeden Behandlung ist wichtig und mit Achtung und Ruhe auszuführen.

Wenn ihr mit den Christusfunken ein letztes Mal euch selbst oder euer Gegenüber energetisiert habt, geht in die Ruhe und haltet eure Hände entweder wie beim Segnen mit den Handflächen zu dem Patienten gerichtet, oder ihr haltet die Handflächen vor euch zueinander gewandt, in einem gewissen Abstand, sodass ihr scheinbar eure Hände rechts und links neben dem Patienten haltet. Nun spürt noch mal in die Stille hinein und wahrt diesen Augenblick. Dann beginnt ihr die Seelenebene zu schließen, indem ihr die Hände zusammenfaltet, so, als würdet ihr beten. Ihr könnt euch auch dabei vorstellen, wie ihr die Tür der Seelenebene schließt und rückwärts hinausgeht, zurück auf die energetische Ebene.

Auf der energetischen Ebene leite ich noch drei Mal die göttliche Energie im göttlichen Strahl des Patienten von oben nach unten, sodass er auch auf energetischer Ebene geerdet ist und alles zur Ruhe kommt. Die Aktivierung war ja doch eine sehr tiefgehende Behandlung. Dann schließt ihr auch diese Tür der energetischen Ebene und geht zurück auf die irdische Ebene. Kommt langsam wieder in euer eigenes Jetzt. Ihr habt es geschafft, die Aktivierung des Christusnetzes ist vollbracht.

Die Behandlung dauert bei mir ca. 30 - 35 Minuten, das mag wenig erscheinen, doch müsst ihr bedenken, dass auf Seelenebene die Zeit anders verläuft. Euch werden 30 Minuten sehr lange vorkommen. Es kann natürlich auch sein, dass ihr länger als 35 Minuten braucht, das liegt ja individuell beim Behandelnden. Die Energie auf Seelenebene ist sehr, sehr hoch, von daher bedeutet es einiges an Anstrengung, länger als 35 Minuten dort zu verweilen. Nach der Behandlung wascht eure Hände, um eventuell aufgenommene Energien zu entfernen. Trinkt etwas und geht dann weiter in die Beschreibung der Behandlung an eurem Patienten, wenn ihr euch selbst nicht behandelt haben solltet. Bei mir gibt es nach der Behandlung immer eine sehr ausführliche E-mail, damit der Patient alles in Ruhe nachlesen kann.

Kurze Zusammenfassung der Aktivierung

1. CA 1 und CA 2
2. CS 1 und CS 2
3. C 15 und C16
4. C 17 und C 18
5. C 19 und C 20
6. C 3 und C 4
7. C 5 und C 6
8. C 7 und C 8
9. CR 5
10. C 1 und C 2
11. eventuell C 0, aber mit großer Vorsicht.
12. Dann, je nach Befindlichkeit des Patienten, die mittleren Rückenpunkte CR 1- CR 4
13. C 9 und C 10
14. C 11 und C 12
15. CS 3 und CS 4 nur bei Bedarf
16. Nur bei Bedarf ebenfalls C 13 und C 14
17. CH
18. CA 8 und CA 9
19. Christusstern setzen
20. Verbindung zum Kristallgitternetz der Erde
21. Energetisierung mit Christusfunken
22. Beendigung der Behandlung

Auffrischung des aktivierten Christusnetzes

Nach einer Aktivierung des Christusnetzes wäre es gut, wenn es nach sechs bis acht Wochen noch einmal energetisiert werden würde. Auch wenn das Christusnetz aktiv und präsent ist, kann es sein, dass die Energie nicht mehr so kraftvoll ist, wie direkt nach der Aktivierung. Das kann vorkommen, muss aber nicht so sein.

Wichtig ist es nach der Aktivierung, seine Aufmerksamkeit regelmäßig auf das Christusnetz zu lenken, um es immer wieder zu stärken und in seiner Energie aufrechtzuhalten.

Diese Stärkung kann geschehen durch:

- Die reine geistige Vorstellung des Christusnetzes in uns, zum Beispiel während einer Meditation,
- Die bewusste Atmung in das Christusnetz. Diese Atmung kann über einen bestimmten Christuspunkt geschehen oder über eure Seele,
- Die Energetisierung mit der Christus-Handhaltung über die beiden Christuspunkte CA 1 und CA 2,
- Die Stärkung von außen durch einen Christusheiler.

Natürlich kommt es bei einer Auffrischung auch darauf an, wie euer eigenes Befinden ist. Braucht ihr eine Auffrischung, oder nicht? Vielleicht benötigt ihr diese Behandlung nicht jetzt, sondern erst viel später. Auch hier gilt es, genau auf eure innere Stimme zu hören. Was brauche ich, was brauche ich nicht?

Christusenergie als „Laser"-Strahl einsetzen

Die Christusenergie setze ich, unabhängig davon, ob das Christusnetz beim Patienten aktiviert ist oder nicht, ebenso bei Behandlungen auf Seelenebene ein. Gerade um hartnäckige Blockaden aufzulösen, zum Beispiel in der Rückenmuskulatur, um Verletzungen zu heilen oder Entzündungen außer Kraft zu setzen, verwende ich dazu den Christusstrahl in seiner potenzierten Wirkung.

Das heißt: Ich bin in der Christus-Handhaltung und lasse die beiden Strahlen aus meinem Mittelfinger zielgenau auf den zu behandelnden Punkt oder Bereich fließen. Je näher die Strahlen zu dem Punkt/Bereich kommen, desto enger wird der Abstand zwischen den beiden Strahlen, bis sie sich dann am Zielort vereinigen. So potenzieren sie sich in ihrer Kraft und Wirkung, und so könnt ihr den Christusstrahl dahin lenken, wo ihr ihn für die Behandlung braucht.

Bei all den Behandlungen gehört natürlich eine gewisse Medialität dazu, damit ihr sehen könnt, was gelöst oder geheilt werden soll. Bilder, Informationen oder Wahrnehmungen helfen euch dabei, das Richtige zu tun.

Christusnetz der einzelnen Organe

Jedes Organ hat ein eigenes Christusnetz, das bei Bedarf aktiviert werden kann. Das Christusnetz ist von der Ursprungsstruktur genauso wie das Christusnetz, das in sich geschlossen durch den Körper verläuft. Und das Organ-Christusnetz ist ebenfalls unabhängig davon und in seiner Wirkung frei. Es kann aber an das Christusnetz des Körpers angeschlossen werden, damit es automatisch immer energetisiert wird.

Bei der Aktivierung des Christusnetzes in einem Organ befindet sich der Aktivierungspunkt im Zentrum des Organs, also in seiner Mitte. Von dort aus verlaufen die einzelnen Energiebahnen nach außen, sodass sie wieder Dreiecke mit ihren gekreuzten Linien bilden. Das Christusnetz im Organ ist ebenso dreidimensional wie das Christusnetz im Körper.

Diese spezielle Aktivierung in Organen ist sehr unterstützend, wenn das betreffende Organ geschwächt oder in seinem Energiefluss blockiert ist. Wenn ihr die Gabe dazu habt, könnt ihr genau sehen, fühlen oder vielleicht auch hören, welchen Zustand das jeweilige Organ auf energetischer oder seelischer Ebene aufweist.

Bei der Aktivierung über den Zentrumspunkt des Netzes könnt ihr die Möglichkeit der Laserstrahlanwendung wählen, oder euch für die Christus-Handhaltung entscheiden. Das heißt: Entweder zeigen eure beiden Mittelfinger und Zeigefinger auf den Zentrumspunkt, oder ihr haltet die linke Handfläche ausgestreckt gerade hoch auf den Patienten gerichtet und die rechte Hand in der Christus-Handhaltung, also Mittelfinger und Zeigefinger der rechten Hand zeigen auf den Zentrumspunkt des

Energienetzes des Organs. Dann lasst ihr die Christusenergie durch euch fließen, so lange, bis sich das Christusnetz vor euch zeigt. Das kann mal länger dauern, mal kürzer, je nachdem in welchem Zustand sich das Organ befindet.

Wenn das Christusnetz kraftvoll leuchtet, meistens in der Farbe Gold, seid ihr fertig mit der Aktivierung. Bei paarig auftretenden Organen, wie zum Beispiel den Nieren oder den Lungenflügeln, ist es wichtig, das Christusnetz auf beiden Seiten zu aktivieren.

Die Aktivierung des Christusnetzes in einem Organ kann wie folgt wirken:

- Es erhöht die Schwingung des Organs,
- es energetisiert das Organ von innen,
- es stärkt das Organ auf energetischer und seelischer Ebene,
- es löst Blockaden,
- es bringt blockierte Energie wieder ins Fließen.

Bei all dem ist es aber unerlässlich, die Ursache auf seelischer Ebene zu erkennen und zu lösen, damit die Heilung von der Basis aus geschehen kann. Es ist ein Zusammenspiel von energetischer, seelischer und irdischer Ebene. Und dazu gehört auch die Schulmedizin, falls erforderlich.

Um das Organ optimal auszurichten, könnt ihr schauen, ob sich der Zentrumspunkt auch wirklich dort befindet, wo er sein sollte, notfalls müsst ihr das Netz dahingehend neu justieren und in die Einheit mit der Mitte des Organs bringen. Eine Verschiebung des Christusnetzes in einem Organ ist selten, kann aber zum Beispiel bei einem Unfall mit Organbeteiligung oder auch bei einem Schock vorkommen. Eine Auffrischung der Energetisierung des Christusnetzes im Organ wäre auch hier gut, so circa nach 2 bis 4 Wochen.

Damit Organe bestmöglich gestärkt werden, könnt ihr die Quantenheilung per Ferne zusätzlich noch anwenden, indem ihr folgende Bereiche auf hundert Prozent einschwingt:

- Gesundheitsstatus,
- Vitalitätsstatus
- Funktionsstatus,
- Energiestatus.

Oft sind diese vier Bereiche, wenn das Organ geschwächt ist, nicht auf satten hundert Prozent, sondern liegen eher bei fünfzig Prozent oder sogar noch weiter drunter.

Bei der Quantenheilung per Ferne richtet ihr euren rechten Mittelfinger auf die Mitte des betreffenden Punktes (Zentrumspunkt) und den linken Mittelfinger parallel dazu auf ein imaginäres Bild in der „Luft", das die Energie von 100 Prozent anzeigt. Ihr könnt euch dabei eine Art Thermometer vorstellen, auf dem ihr die Energie jeweils in den vier Status-Bereichen auf 100 Prozent steigen lasst. Seid ihr in dieser Vorstellung, verbindet euch gleichzeitig noch mit dem Punkt, auf den euer rechter Mittelfinger zeigt – den Zentrumspunkt des zu behandelnden Organs. Nun verbindet euch noch in eurem Geist mit einem weiteren Punkt in eurem Herzen, sodass ein goldenes Dreieck von all diesen drei Punkten entsteht: Statusbereich – Zentrumspunkt – Herz.

Konzentriert euch nun auf das linke Bild mit dem „Thermometer" und lasst die Prozentzahl steigen. Haltet dabei eure Wahrnehmung auf das goldene Dreieck und die anderen zwei

Punkte aufrecht. Ihr bleibt so lange in dieser Haltung, Wahrnehmung und Konzentration, bis die Prozentzahl auf 100 Prozent geklettert ist.

Christusnetz in den Knochen

Es gibt kein spezielles Christusnetz in den Knochen, aber ihr könnt eins erschaffen, um die Struktur des Knochens zum Beispiel zu stärken oder wieder aufzubauen. Es gibt viele Beschwerden und Krankheiten, die mit den Knochen im Zusammenhang stehen oder sich dort zeigen.

Wie ihr einen Christuspunkt setzt, hatte ich in einem vorherigen Kapitel erklärt. Ähnlich funktioniert es auch mit dem Christusnetz zur Stabilisierung und Stärkung in den Knochen. Das Christusnetz kann in den Knochen selbst aufgebaut werden oder auch, und das ist das Besondere dabei, um den Knochen herum, wie zum Beispiel um einen Wirbel. Beide Varianten stabilisieren und stärken. Bei der Erschaffung der Energiebahnen eines Christusnetzes in oder um den Knochen sind Kreativität und auch mediale Heilbegabung gefragt. Es geht dabei darum, genau das zu kreieren, was für die Heilung gebraucht wird. Dazu verwende ich persönlich zusätzlich oft die Erschaffung von platonischen Körpern, die dann ein Zusammenspiel mit dem Christusnetz bilden.

Diese Art von Anwendung gilt auch für Gewebe aller Art. In den Zellen der verschiedenen Gewebe, wie Sehnen und Muskeln, in Organen oder anderen Bereichen im Körper, kann man ebenfalls ein Mini-Christusnetz errichten. Die Errichtung solch eines Netzes in diesen genannten Bereichen ist aber sehr diffizil und verlangt absolute Genauigkeit und auch ein ausreichendes Wissen in der Anatomie.

Wichtig ist bei all dieser medialen Heilarbeit, sich selbst nicht dabei zu vergessen und regelmäßige Pausen einzulegen.

Und ich rede hier nicht von 20 Minuten, sondern von einem ganzen Tag Pause, um sich wieder auf sich zu konzentrieren und genügend Kraft für die weiteren Behandlungen zu schöpfen.

Eine Auffrischung der Energetisierung des Christusnetzes im Organ wäre auch hier gut, so circa nach 2 bis 4 Wochen.

Spirituelle Bedeutung der Christuspunkte

Es gibt einige Christuspunkte, auf die ich noch einmal näher eingehen möchte. Es sind die Christuspunkte, die eine spirituelle und seelische Bedeutung und Wirkung in sich tragen. Über die Energetisierung und Behandlung dieser spirituellen Chris-tuspunkte können bestimmte Themen und Bereiche unseres Lebens näher beleuchtet, gewandelt oder sogar aufgelöst werden. Die spirituellen Christuspunkte unterstützen uns in der Heilung und auf dem Weg unseres Herzens auf Erden.

Bei der Energetisierung dieser Punkte ist es wichtig, dass wir uns während der Behandlung das jeweilige Thema in unserem Geist vorstellen – sei es die Zielenergie, den freien Energiefluss oder das jeweilige Thema des Christuspunktes. Wenn wir mit den einzelnen Christuspunkten arbeiten, kann das Thema gelöst werden, wobei es aber auch vorkommen kann, dass „nur" der nächste Schritt bei der Heilung des Themas gegangen wird.

Wenn man zum Beispiel den Reichtumspunkt energetisiert, flattert nicht gleich der Reichtum ins Haus, sondern die Energetisierung oder auch Aktivierung unterstützt uns dahingehend, dass wir uns in diesem Bereich weiterentwickeln und der Reichtum dadurch nach und nach in unser Leben kommt. Meistens ist es so, dass sich bei einer Energetisierung die blockierten Energien, wie alte Muster und Gedanken, die wir ins uns tragen und die einen Reichtum in unserem Leben verhindern, sich zeigen, um dann erkannt und gelöst zu werden. Und das ist es ja, was wir wollen: die Ursache von all den blockierten Energien lösen, um die freie Energie von allem zu empfangen, damit wir sie vollkommen leben und genießen können.

Es gibt aber auch die Möglichkeit – und das kommt auf den eigenen Entwicklungsstand an –, dass durch die Energetisierung eines Punktes das Thema sofort gelöst wird. Mit Entwicklungsstand meine ich, ob man schon einiges bei dem jeweiligen Thema erkannt und aufgelöst hat oder noch nicht. Ungelöste Themen bestehen ja aus mehreren Schritten der Erkenntnis und Heilung, die sich wie Schichten nach und nach lösen, bis man den Kern des Themas erreicht hat.

Bei akuten Situationen oder Beschwerden, egal, welchen Entwicklungsstand man hat, hilft die Energetisierung meist sofort, wie zum Beispiel bei plötzlich auftretendem Kummer, schlechter Laune oder fehlender Konzentriertheit.

Wichtige Christuspunkte im Einzelnen

Ahnenpunkte C 30 und C 31
C 30 und C 31 sind die Ahnenpunkte. In diesem Bereich stärkt die Ahnenenergie unseren Rücken, vorausgesetzt, sie ist frei fließend. Durch blockierte Energien in der Ahnenreihe kann es dazu kommen, dass diese Ahnenenergie nicht zu uns durchkommt oder wir sie aus einem bestimmten Grund nicht zulassen können. Über diese Christuspunkte können wir die Empfangsbereitschaft für diese wundervolle stärkende Energie freischalten.

Eine blockierte Ahnenenergie kann viele Ursachen haben, wie zum Beispiel Ahnen, die sich nicht wertgeschätzt fühlen oder eine gestörte Eltern-Kind-Beziehung, aber auch Missbrauch oder seelische/körperliche Verletzungen können der Grund dafür sein, dass die Ahnenenergie nicht frei zu uns strömen kann. Die Ahnenenergie fließt von Generation zu Generation, und wenn eine Generation diese nicht weitergeben möchte oder nicht weitergeben kann, staut sie sich und fließt nicht nach vorne zu der jüngsten Generation. In diesem Fall wäre eine systemische Familientherapie oder eine andere Methode angebracht, die dabei sinnvoll hilft, diese Energie wieder in ihre ursprüngliche Aufgabe zu bringen.

Aurapunkte C 15 und C 16
Über diese Christuspunkte können die Aura-Schichten sowie der mentale und emotionale Körper gereinigt werden. Eine zusätzliche geistige Vorstellung einer Reinigung während der Energetisierung dieser Christuspunkte wäre gut, um eine optimale Klärung zu erreichen. Es kann sich viel energetischer Müll

in der Aura sammeln, sei es von negativen Gedanken oder Gefühlen im Allgemeinen. Ist die Aura sozusagen *verdreckt*, kann auch die innere Ausstrahlung nicht so nach außen scheinen, wie es eigentlich für uns vorgesehen ist. So werden auch positive Gedanken und Gefühle in ihrer Kraft abgeschwächt. Das hat zur Folge, dass die negativen Energien die positiven Energien überlagern, woraufhin wir nur die negativen Energien ausstrahlen. So erhalten wir eine dementsprechende negative Reaktion im Außen, die von uns eigentlich gar nicht erwünscht oder erhofft worden war. Aber besonders unsere Wünsche haben es schwer, frei nach außen zu strahlen, sodass sie nie in die Erfüllung gehen können. Deswegen ist es so wichtig, dass wir unsere Aura regelmäßig reinigen.

Bewusstseinspunkt C 21
Konzentriert man sich auf den Bewusstseinspunkt C 21, zum Beispiel bei einer Meditation, stärken wir die Aufmerksamkeit auf uns selbst. Wir kommen zu uns und lassen alle Gedanken vorüberziehen. Dieser Christuspunkt kann bei Energetisierung das Bewusstsein erweitern, das Dritte Auge öffnen und uns dabei helfen, göttliche Impulse, Botschaften und Bilder zu empfangen.

Engelspunkte C 3, C 4
C 3 und C 4 sind neben den Aktivierungspunkten auch die Engelspunkte. Sie tragen ihren Namen, weil sich dort der Ort befindet, wo die Engelsflügel herauswachsen würden. C 30 und C 31 wären zwar auch noch mit betroffen, aber C 3 und C 4 sind die Anfangspunkte, aus denen die Engelsflügel entstehen. C 30 und C 31 sind nur tragende Punkte.

Und was hat es mit den Engelsflügeln auf sich?

Sie stehen für unser Lichtwesen auf Erden. Nicht jeder ist ein Engel, aber viele Menschen sind als inkarnierte Engel auf Erden gekommen. Doch diese Christuspunkte sind unabhängig davon, ob wir inkarnierte Engel sind oder nicht, sie stehen für die Heiligkeit und das göttliche Licht, was Lichtwesen ausstrahlen. Diese wundervollen Energien tragen wir alle in uns, und durch diese Engelspunkte können wir sie stärken. Heilige Energien in sich zu spüren ist ein wundervolles Gefühl. Viele Seelen auf Erden konnten früher bereits diese Heiligkeit nach außen zeigen, wurden aber oft dafür bestraft oder sogar getötet, weswegen uns innerlich noch vieles davon abhält, unsere eigene Heiligkeit anzunehmen und sie nach außen zu leben. Viele von uns haben Dramatisches zu diesem Thema in früheren Inkarnationen erlebt, was es zu erkennen und aufzulösen gilt. Diese Heiligkeit strahlt zudem auch göttlichen Frieden, Vertrauen, Mitgefühl, Liebe und Stille aus.

Die Engelspunkte können auch energetisiert werden, damit man lernt, aufrecht zu stehen –, sei es auf rein körperlicher oder auf spiritueller Ebene. In Kombination mit dem Christuspunkt C 2 bilden sie das göttliche goldene Dreieck, was – wie wir ja schon wissen – die Einheit von Gottvater, Sohn und Heiliger Geist, wie auch die Ebenen von Körper, Geist und Seele symbolisiert.

Entgiftungspunkte C 0, C 1, C 2, CM 1, CM 2, CM 3, CM 4, C 21

Diese Christuspunkte helfen uns dabei, wenn wir gerade eine Entgiftung durchmachen. Diese Punkte nenne ich auch Unterstützungspunkte bei Entzug aller Art, das kann Entzug von normalem Zucker, Koffein oder Weißmehl sein, aber auch Alkohol,

Drogen und Ähnliches gehören dazu. Bei einem Entzug von Drogen, Medikamenten und Alkohol muss auch immer ein Arzt hinzugezogen werden.

Die Energetisierung dieses Christuspunktes ist eine energetische Unterstützung, damit die Entgiftung schneller und etwas leichter vonstatten geht. Auch bei der Entgiftung der Leber, zum Beispiel durch Ernährungsumstellung, ist es wichtig, diese Punkte zu energetisieren. Bei einer Raucherentwöhnung allerdings hilft die Stärkung dieses Punktes nicht.

Erdungspunkte
Haupterdungspunkte sind CA 1, CA 2, CA 4, CA 5, C 4, C 7, C 8, C 9, C 10, C 11, C 12, C 13 , C 14 CE. Weiterhin gibt es noch CR 5 und CM 1, bei Bedarf.

Die Erdungspunkte sind für eine optimale Erdung zuständig.

Da ergibt sich die Frage, warum eine gute und ausreichende Erdung so wichtig für uns ist.

Einige Gründe sind folgende:

- Für die Umsetzung unserer Ideen und Visionen,
- unserem Weg folgen zu können,
- gut verbunden zu sein mit der Erde, um den Boden nicht unter den Füßen zu verlieren, zum Beispiel, wenn jemand eine zu hohe Schwingung hat oder die Gefahr besteht, dass sich jemand in der Spiritualität vollkommen verliert,
- eins mit der eigenen Inkarnation zu sein,
- mutig auf unserem Weg voranzuschreiten.

Die Haupterdungspunkte können nach Belieben und, wenn es nötig ist, paarweise energetisiert werden. Die Erdungspunkte CR 5 und CM 1, sind in dem Sinne keine reinen Erdungspunkte, sie haben mehr mit der Umsetzung von Ideen, Visionen und dem Leben der eigenen Berufung, Macht und Kreativität zu tun. Diese brauchen aber ebenfalls eine gute Erdung, deswegen habe ich sie auch hier mit aufgeführt.

Friedenspunkt CF
Der Friedenspunkt ist auch ein Harmoniepunkt. Er ist zuständig für den inneren Frieden, Zufriedenheit und Stille. Wenn wir im Frieden sind, einig mit uns selbst, strahlen wir auch Frieden aus. Keiner kann im Frieden sein und gleichzeitig eine Emotion, wie zum Beispiel Wut auf andere, spüren. Die Wut auf andere ist immer ein Zeichen der eigenen Unzufriedenheit, sei es aus Neid oder Missgunst.

Energetisieren wir den Friedenspunkt, erschaffen wir nach und nach einen tiefen Frieden in uns. Innerer Frieden heilt auch unseren Körper, denn durch Frieden lösen sich alle Konflikte auf, die in uns sind. Das können sein: Konflikte mit dem eigenen Tun, mit Entscheidungen oder aktuellen Situationen, oder auch Konflikte mit unseren Mitmenschen. Bereits kleine Konflikte können seelische Verletzungen, Blockaden und einen Widerstand in uns auslösen, was alles nicht unserer Gesundheit zuträglich ist. Hätte die Mehrzahl an Menschen auf Erden inneren Frieden in sich, würde die Friedensenergie überwiegen und die Energien der Konflikte abschwächen und diese ganz verschwinden lassen.

Bei unserem Friedenspunkt geht es darum, selbst immer mehr

in den Frieden zu kommen. So wird auch unsere Eigenschwingung erhöht, die Kraft unseres Wahren Seins potenziert, Leichtigkeit entsteht und Glück kann in unser Leben einkehren.

Frieden ist eng mit Vertrauen verbunden. Energetisiert ihr euren Friedenspunkt, wäre es gut, die Vertrauenspunkte gleich mit zu stärken.

Gemeinschaftspunkt CA 3
Bei der Energetisierung des Christuspunktes CA 3 fällt die Integration in einer Gemeinschaft leichter. Die Blockade, die eine Öffnung zu anderen Menschen verhindert, kann dort gelöst werden. Dabei ist aber zu beachten, dass man die Ursache ebenso auf seelischer Ebene findet. Warum fühlt sich derjenige nicht dazugehörig? Ein energetisierter Gemeinschaftspunkt kann den Mut und auch die Motivation stärken, sich Menschen zu öffnen.

Göttliche Ernährungspunkte
C 0, C 22, C 23, CA 3 bilden das obere Energiedreieck, CA 3, CM 5, CM 6, CM 7, CM 8, C 17, C 18 das untere.

Das obere Dreieck ist für die geistigen Veränderungen und Stärkung für eine göttliche Ernährung zuständig, das untere Dreieck für die Verdauung und Umsetzung auf irdischer Ebene. Diese Kombination ist komplexer als die anderen bereits genannten.

Eine göttliche Ernährung ist die Ernährung, die einem guttut und die jeder für sich selbst finden muss. Es gibt so viele verschiedene Ernährungsweisen, dass ich hier keine spezielle vorschlagen möchte, denn die eigene Ernährung zu suchen und zu finden, ist ein spiritueller Prozess. Die Ernährung, die für uns und unseren Körper am besten ist, wird durch die Energetisierung der Ernährungspunkte gestärkt und in ihrer Weiterentwicklung unterstützt. Habt ihr bereits eure eigene göttliche Ernährungsweise gefunden, werden diese Christuspunkte euch darin festigen.

Unsere Ernährung ist inzwischen so mit Mustern, Entscheidungen und äußeren Beeinflussungen behaftet, dass es eben für viele Menschen eine Zeitlang dauert, bis sie die Ernährungsweise gefunden haben, die vollkommen zu ihnen passt. Ist dies geschehen, stellt sich eine Befreiung auf allen Ebenen ein.

Himmelspunkt CH
Der Himmelspunkt CH ist die Verbindung zu Gott, zur göttlichen Quelle und zu den unteren Chakren in unserem Körper. Er leitet die göttliche Energie von oben über den Kopf nach unten weiter. Über diesen Punkt können wir diese Verbindung freischalten, aktivieren und reinigen. Der Himmelspunkt befindet sich an der gleichen Stelle wie das Kronen-Chakra, weshalb beide eng zusammenspielen.

Inkarnationspunkt CE
Energetisieren wir den Christuspunkt CE, wird die Verbindung und Erdung mit unserer jetzigen Inkarnation gestärkt, was besonders wichtig ist, wenn jemand die jetzige Inkarnation nicht annehmen möchte. Ist das so, zeigt sich das oft darin, dass derjenige im Leben nicht zurechtkommt, nicht seinem Herzen folgen kann, unglücklich und traurig ist, nicht seine Ideen realisieren und seinen Willen umsetzen kann, sich nicht dazugehörig fühlt, oder immer das Gefühl hat, er gehört nicht auf die Erde,

seine Heimat liegt auf einem anderen Stern im Universum.

Sätze wie: „Ich habe mich hier auf Erden noch nie zu Hause gefühlt.", „Nichts funktioniert.", oder „Das kann nicht meine wahre Familie sein.", sind Zeichen dafür, dass sie nicht mit ihrer Inkarnation eins sind und neben ihrem Inkarnationsstrahl stehen. Mit dem Inkarnationspunkt könnt ihr die Verbindung der Seele mit der Inkarnation auf Erden stärken.

Kraftpunkt CM 3
Im Christuspunkt CM 3 können wir unsere innere Kraft stärken. Wird der CM 3 energetisiert, stärkt man gleichzeitig den Solarplexus, der ebenfalls für die Energieverteilung im Körper zuständig ist. Schwingt der Solarplexus in seiner optimalen Schwingung, ist er wie ein schnell drehendes Rad, das mit seinen Drehungen die Energie strahlenförmig in den Körper fließen lässt. Beim Christuspunkt CM 3 ist es ähnlich. Energetisiert man ihn, breitet sich die Christusenergie gleichmäßig und strahlenförmig im Körper aus.

Lebensfreudepunkt CA 3
Der Christuspunkt CA 3 ist der Lebensfreudepunkt. Über ihn können wir unsere Lebensfreude aktivieren und stärken. Gerade bei Kummer oder auch bei Ängsten kann die Energetisierung uns dabei helfen, wieder Freude zu empfinden. Sorgen und Ängste nehmen ab und Freude tritt hervor.

Machtpunkte CM
Hauptmachtpunkte sind der CM 1, CM 5, CM 6, sie stehen vordergründig für die Macht.

CM 2, CM 3, CM 4, CM 7, CM 8 sind Machtpunkte, die man ergänzend hinzunehmen kann, wenn ihr spürt, dass sie für das zu behandelnde Thema wichtig sind.

Die eigene Macht anzunehmen ist für unser Leben auf Erden wesentlich, denn ohne sie bleibt uns vieles verwehrt, was eigentlich für uns bestimmt ist. Jeder trägt die Macht in sich, um den eigenen Lebensweg so zu gestalten, dass es für ihn am besten ist. Aber viele Menschen verwehren sich dieser Macht, weil sie aus früheren Leben eine Erfahrung abgespeichert haben, die sie unbewusst daran hindert, ihre Macht heute zu leben. Aber auch im jetzigen Leben können viele Erlebnisse zu der Überzeugung führen, es wäre besser, die eigene Macht nicht anzunehmen. Viele haben zum Beispiel Angst, ihre Macht auszuüben, weil sie andere nicht dadurch verletzen wollen. Die eigene Macht anzunehmen heißt aber, in seiner vollen göttlichen, seelischen und irdischen Kraft zu sein, um die Bestimmung auf Erden zu leben, für die wir auf Erden gekommen sind.

Realisationspunkte CM 1, CM 3, CE
Realisation heißt, Ideen, Aufgaben, Visionen und Gedanken in unserem Leben umzusetzen, was einer guten Erdung, einer Einheit mit unserer Seele und unserer jetzigen Inkarnation im Hier und Jetzt bedarf, wie auch der Kraft und Motivation, in die Handlung gehen zu können, um die kreativen Ideen in unser Leben auf Erden fließen zu lassen. Vielen fehlt diese Energie der Realisation, und es bleibt oft nur bei den Ideen. Sie schaffen es einfach nicht, in die Umsetzung zu gehen. Eine Energetisierung dieser Christuspunkte hilft, die Motivation zu stärken, die Macht der Umsetzung anzunehmen und sie mit einer dementsprechenden Handlung auf Erden fließen zu lassen. Die Reali-

sationspunkte könnten auch Motivationspunkte heißen. Sie geben uns Kraft und Elan, in die Umsetzung zu gehen.

Reichtumspunkt CR 5 und CM 4
Die beiden Christuspunkte CR 5 und CM 4 sind dem Bereich Reichtum zugeordnet.

CM 4 ist gleichzeitig der Würdepunkt. Würde hat mit dem Selbstwert zu tun. Ist die Kraft der Würde entfacht, ziehen wir auch Reichtum in unser Leben, denn wir haben Reichtum verdient, uns steht Reichtum zu. Mit Reichtum ist der spirituelle Reichtum des Lebens, aber auch der finanzielle Reichtum gemeint.

Der Christuspunkt CR 5 liegt in einem Bereich in unserem Körper, der energetisch für den finanziellen Reichtum zuständig ist. Haben wir Schmerzen im unteren Rücken, ist das immer ein Hinweis darauf, mal näher hinzusehen, ob wir existenzielle und/oder finanzielle Ängste haben. Diese beiden Christuspunkte zu aktivieren, zugleich mit dem Gedanken an Reichtum, hilft uns, empfangsbereit für den Reichtum zu sein, der uns zusteht, um ihn in unser Leben zu lassen.

Schutzpunkte C4, CA 3, CF, CE,
Die Schutzpunkte können einen energetischen Schutz um uns legen. Der Christuspunkt C 4 erschafft einen Schutz direkt um unseren Körper herum und ist eher eng anliegend. Der Christuspunkt CA 3 hingegen lässt einen Schutz entstehen, der von unserer Seelenenergie ausgeht, wenn wir uns mit ihr verbinden. Der Christuspunkt C F ist der Schutzpunkt in Verbindung mit der Ausstrahlung von Frieden und Vertrauen.

Der Christuspunkt CE ist für einen Schutzaufbau in der Form eines Kokons um uns herum zuständig, der von der Erde aus, aus diesem Punkt, um uns herum gebildet wird.

Seelenkörperpunkt C 4
Der Seelenkörperpunkt hilft uns dabei, unseren Seelenkörper wieder in unseren Körper zu holen, wenn er aus ihm herausgegangen ist. Dass der Seelenkörper aus unserem Körper tritt, kann geschehen bei Schock, Unfall, Missbrauch, Traumata und allen anderen Vorkommnissen, die für uns so heftig sind, dass wir sie nicht verarbeiten können. Dies kann plötzlich bei Unfall und Schock oder schleichend bei einem Missbrauch geschehen. Wird der Seelenkörperpunkt energetisiert, hilft dies dem Seelenkörper, sich wieder mit dem Körper und der Seele zu vereinen. Der Seelenkörper ist ein Abbild unserer Körpers in heller Form.

Ist er nicht eins mit uns, fällt uns vieles oder auch alles auf Erden sehr schwer. Nichts funktioniert, vieles geht schief. Zudem wird die Erdung schwach, wenn der Seelenkörper im eigenen Körper fehlt. Wollt ihr den Seelenkörper wieder in den Körper zurückholen, ist eine Heilung der entsprechenden Ursache extrem wichtig, sonst besteht die Gefahr, dass der Seelenkörper bald wieder den Körper verlässt, weil sich die auslösende Lebenssituation nicht geändert hat.

Seelenpunkt CA 3
Über den Christuspunkt CA 3 können wir die Verbindung zu unserer Seele stärken – die spürbare Verbindung. Gehen wir in Kontakt mit unserer Seele, braucht es einiges an Übung und

Zeit, bis wir unsere Seele wahrnehmen können. Vielleicht nehmen wir ein freies oder ein Gefühl der Geborgenheit, oder nur eine fühlbare Helligkeit in uns wahr. Mit der Zeit und regelmäßigem Kontakt mit unserer Seele werden wir dies alles erfahren können. Unsere Seele ist das Wichtigste in unserem Leben, und darauf sollten wir uns alle konzentrieren, denn sie kennt unseren Weg, sie weiß um unseren Lebensplan, unsere Aufgabe und Berufung und trägt all die Liebe, Freude, Kraft, Macht und vieles Schönes mehr in sich. Sie steht bereit für uns, um uns mit ihrer wundervollen Energie zu füllen und sie in unser Leben fließen zu lassen. Energetisieren wir den Seelenpunkt, unterstützen wir die Verbindung zu unserer Seele.

Stabilitätspunkte CS 1, CS 2, CS 3, CS 4
Diese Christuspunkte sind zuständig für die innere Stabilität. Die Stabilität wird im Christusnetz über zwei parallel senkrecht verlaufende Bahnen gestärkt. Auf den Fußsohlen befinden sich die Anfangspunkte der beiden Energieleitbahnen CS 1 und CS 2 und verlaufen dann zu den oberen Stabilitätspunkten CS 3 und CS 4. Energetisiert man diese Punkte und die damit verbundenen Energiebahnen, erschaffen wir eine innere Stärke, die uns gerade, kraftvoll und aufrecht stehen lässt.

Vertrauenspunkte C 2 und C 1
Die Vertrauenspunkte werden immer gemeinsam oder nacheinander energetisiert. Die Affirmation „Alles wird gut" oder „Alles ist gut" können in Gedanken dazu gesprochen werden.

- Vertrauen ist wichtig, damit wir unserem Herzen folgen können.

- Vertrauen ist wichtig, damit wir nicht den Ängsten des Alltags verfallen.
- Vertrauen ist wichtig, um bei sich bleiben zu können.
- Vertrauen ist wichtig, um wohlwollend in die Zukunft zu blicken und diese auch so für uns zu schaffen.
- Vertrauen stärkt unsere innere Mitte und erdet uns in der Zuversicht auf irdischer Ebene.

Die Vertrauenspunkte können mit dem Friedenspunkt in Kombination angewendet werden.

Würdepunkt CM 4
Die menschliche Würde hängt mit vielen Kräften in uns zusammen. Sie ist eng verbunden mit der Selbstliebe, mit unserem Selbstbewusstsein und mit unserem Selbstwert. Auch wenn diese Bereiche noch nicht vollkommen in ihrem Mangel ausgeglichen sind, kann die Würde wieder in ihre Kraft gebracht werden, indem über den Würdepunkt ihre Kraft freigeschaltet wird. Würde ist eine einzigartige Energie, aber auch ein Gefühl in uns. Sie hilft uns unter anderem dabei, gesunde Grenzen in unserem Leben zu setzen und zu wahren. Auch Demütigung, Machtmissbrauch anderer an uns kann dann nicht mehr so leicht geschehen. Würde lässt uns aufrecht stehen, Würde lässt uns hinter uns stehen, Würde löst Selbstzweifel auf und stärkt den Glauben an uns selbst, an unser Wahres Sein, an unseren wahren Wert und an unseren göttlichen Schatz. Die Würde ist ein immens wichtiger Anteil in uns für unser Wahres Sein auf Erden.

Zentrumspunkte

Zentrumspunkte sind Energiepunkte, die sich in der Mitte eines Bereiches, wie Organe, Knochengerüste, Gewebe oder Muskeln, befinden. Von dem Zentrumspunkt aus über das jeweilige Christusnetz kann man den ganzen Bereich stärken, indem man sich vorstellt, dass die Christusenergie in den Zentrumspunkt einfließt und in die jeweiligen Energiebahnen weitergeleitet wird.

Was kann die Wirkung des Christusnetzes abschwächen?

Das aktivierte Christusnetz ist immer präsent, aber es kann in seiner Wirkung und Stärke abnehmen, wenn uns bestimmte Dinge nicht bewusst sind und wir diesen in unserem Leben zu viel Bedeutung zumessen.

Das Christusnetz kann in seiner Kraft durch folgende Faktoren geschwächt werden:

- Ständige hohe Strahlung,
- WLAN-Strahlung,
- Röntgenstrahlen,
- MRT und ähnliche Untersuchungsapparate,
- Schlafen auf bestimmten geopathischen Feldern und Kreuzungen von Energiebahnen, Wasseradern und Ähnlichem in der Erde,
- zu viel Handy, Tablet, das wir unmittelbar vor uns halten,
- Stress,
- zu viel Multitasking,
- zu wenig Pausen am Tag,
- plötzlicher schwerer Unfall,
- Koma,
- Rauchen,
- Alkohol,
- Drogen.

Ein Aufschwingen der Energie des Christusnetzes ist jederzeit möglich. Wichtig ist nur, dass wir selbst wahrnehmen, wann die Kraft unseres neuen Energienetzes nachlässt, und wann sie ihre Schwingung aufrechthält.

Platonische Körper

Die Platonischen Körper sind reine kosmische Energie und tragen die göttliche Gleichheit, die göttliche Struktur und den Puls des Universums in sich.

Es gibt folgende Platonische Körper:

- Tetraeder: Oberfläche aus vier Dreiecken,
- Hexaeder: Oberfläche aus sechs Quadraten,
- Oktaeder: Oberfläche aus acht Dreiecken,
- Dodekaeder: Oberfläche aus zwölf Fünfecken,
- Ikosaeder: Oberfläche aus zwanzig Dreiecken.

Platon (428/427 v. Ch), Schüler von Sokrates, hat die verschiedenen platonischen Körper den fünf Elementen der Erde zugeordnet:

- der Würfel seht für das Element Erde,
- der Ikosaeder für das Element Wasser,
- der Tetraeder für das Element Feuer,
- der Oktaeder für das Element Luft,
- der Dodekaeder für den Himmelsäther.

Johannes Kepler (1571-1630) hatte damals noch einen Zusammenhang zu den einzelnen Planetenbahnen dargestellt, ein Weltmodell der Planeten. Ich möchte jetzt hier nicht ausführlich darauf eingehen, denn das würde ein eigenes Buch füllen, aber ich wollte euch die Einzigartigkeit, die Energie und die Wirkung der Platonischen Körper etwas näherbringen.

Warum schreibe ich hier von den Platonischen Körpern?

Ich verwende die Platonischen Körper in der Behandlung auf Seelenebene, wenn ich mit der Christusenergie und der göttlichen Energie arbeite. Wenn ich ein Organ, ein Gelenk oder ein Knochengerüst, wie zum Beispiel das Fußgewölbe, stützen und dadurch in seiner Stabilität stärken möchte, dann baue ich dort verschiedene Platonische Körper ein. Dabei sehe ich nicht genau, welche Körper eingesetzt werden, sondern ich lasse die Energie der Platonischen Körper in die zu behandelnde Stelle einfließen. Ich sehe dann bei dem Fußgewölbe, dem Mittelfußknochen, wie sich die Körper unter die Knochen schieben und das Fußgewölbe auf diese Weise stärken und aufrechthalten. Teilweise schieben sich die Platonischen Körper ineinander, sodass sie eine neue Ordnung und Stabilität bilden, die mit kosmischer und göttlicher Form gefüllt wird.

Nach meinen Recherchen zu den Platonischen Körpern wurde mir diese Reaktion auch bestätigt, denn die Platonischen Körper können alle ineinandergestellt werden und erschaffen so eine neue Energie. Dasselbe gilt auch für die Energie der Elemente, für die die jeweiligen Platonischen Körper stehen. Und man kann wirklich die dabei entstehende faszinierende Energie und Wirkung wahrnehmen. Wenn verschiedene Platonische Körper sich ineinanderschieben, verbinden sie auch die Energien der Elemente, für die sie stehen. Ein wirklich faszinierender Ablauf, wenn man diesen Vorgang im geistigen Auge sehen kann oder die Gabe der Hellsicht hat. *(Quellen: https://de.wikipedia.org/wiki/Platonischer_Körper, https://spirit-online.de/platonische-koerper-in-der-energiearbeit.html, Birgit Hassel, http://www.mathematik.uni-ulm.de/ReineMath/mitarbeiter/lubo/ss07/files/Folien_Ulrich.pdf)*

Das Dreieck in der Behandlung

Das Dreieck als geometrische Form wird auch im Yoga, in Meditationen und in der Heilarbeit eingesetzt und ist mit den Platonischen Körpern verbunden, denn Tetraeder, Ikosaeder, Oktaeder haben als Basisfläche das gleichschenklige Dreieck. Die Energie und Formen der Platonischen Körper werden in der Alternativen Medizin und auch in der Kunsttherapie eingesetzt.

Was ist die Bedeutung des Dreiecks?

- Es symbolisiert als geometrische Form die Einheit, die Gleichheit und das Zusammenspiel aller Seiten, Flächen und Ebenen.
- Im Christentum steht es für Dreifaltigkeit: Gottvater, Sohn und Heiliger Geist, die wiederum miteinander eine Einheit bilden.
- In der Spiritualität und auch bei bestimmten Heilmethoden steht das Dreieck ebenfalls für die Einheit, und zwar für Körper, Geist und Seele.
- Es steht auch für den Himmel, die Erde und den Menschen, alles ist miteinander verbunden.
- Es trägt die kosmische Energie und das kosmische Wissen in sich.
- Es strahlt darüber hinaus eine ähnliche Kraft aus wie der heilige Kreis, da sich beide in gewisser Weise ähneln.

Wobei kann uns die Energie des Dreiecks unterstützen?

- Für einen freien Energiefluss und für Harmonie im Körper,

- Energien können wir empfangen, wenn die Spitze des Dreiecks nach oben zeigt. Außerdem symbolisiert die Spitze nach oben die aufbauende Kraft nach oben zu Gott in die geistige und spirituelle Welt,
- Energien können wir nach unten abgeben, wenn die Spitze des Dreiecks nach unten zeigt.
- Zugleich verbindet sich die Spitze mit den Kräften der Erde,
- Öffnung des Bewusstseins für Neues,
- Änderung des Blickwinkels,
- das Einsetzen des energetischen Dreiecks bei der Heilung kann unterstützend wirken,
- das Dreieck kann eine stabilisierende Kraft in den zu behandelnden Körperbereichen herstellen.

Das ist jetzt nur ein kleiner Ausflug in das Wissen des Dreiecks, aber auf alle Fälle bietet es uns eine Möglichkeit, seine Wirkung in die Heilung und spirituelle Entwicklung mit einfließen zu lassen.

Wie fühlt sich das aktivierte Christusnetz eigentlich an?

Mit Erlaubnis meiner Patienten durfte ich hier einige Sätze niederschreiben.

- *„Das Erste, was man gespürt hat, war, dass sich das Energiefeld erhöht hat."*
- *„Das Energiesystem hat sich geschüttelt, sodass Schuppen abgefallen sind, also wie abgestorbene Teilchen, Verkrustungen, die von einem gelöst wurden, sodass eine Art Erneuerung des Energiemantels stattgefunden hat."*
- *„Kronen-Chakra, Handflächen und Fußrücken kribbelten."*
- *„Dann spürte ich, dass sich rechts und links auf Nabelhöhe ein Netz nach oben errichtet hat. Dann habe ich wahrgenommen, dass sich Punkte miteinander verbunden haben, eben wie ein Netz. Als das vollzogen war, hatte ich das Gefühl von Einheit. Der ganze Bereich vom Nabel aufwärts ist wie erfüllt von weißem Licht. Es beruhigt und hält ruhig."*
- *„Es strömte weiß-pastellrosafarbenes Licht ein, wo ich das Gefühl hatte, dass die Netzstäbe oder das Netz mit dem Christuslicht gefüllt worden sind."*
- *„Meine Füße waren total heiß."*
- *„Das Christusnetz ist so ein Gefühl, dass mich das Netz auffängt – ein Stoppschild, damit ich nicht zu tief in Emotionen, wie zum Beispiel Wut, Kummer, hineinfalle."*
- *„In den Schulterblättern hatte ich das Gefühl, als würden Flügel herauskommen."*
- *„Eine starke Erdung trat ein."*

- *„Ich hatte die Empfindung, in eine sehr sehr starke Schwingungserhöhung hineingekommen zu sein. Das ist so, als wenn man mit dem Aufzug hochfährt. Dann fand ein Ausgleich der beiden Gehirnhälften statt."*
- *„In der Behandlung hatte ich ein starkes Schwingen im Oberkörper, dann habe ich die Energie am Fuß gespürt, und meine Schienbeine, beide, wurden ganz warm, dann die Füße. Danach musste ich mich so schütteln wie selten."*
- *„Ich bin so berührt."*
- *„Eine neue Stabilität fühle ich in meinem Leben."*
- *„Ich habe ganz intensiv meine Seele gespürt. Ich bin von Wärme umhüllt. Ich kann das aktivierte Christusnetz als Kribbeln in mir spüren."*
- *„Meine Beine waren nicht mehr so schwer, ich konnte danach leichter, beschwingter gehen, als wenn die Erdanziehung oder Schwerkraft etwas an Wirkung verloren hätte, jedoch ohne dass die Erdung dadurch beeinträchtigt wäre."*
- *„Ich fühlte mich nach der Aktivierung erleichtert und sehr frei. Es war, als würde ich eine Weite vor mir wahrnehmen, wo ich mich sehr wohl fühlte. Es war eine Harmonie und eine Ausgeglichenheit in mir und um mich herum. Ein wunderschönes Gefühl."*

Hier noch einige Empfindungen, nachdem das Christusnetz schon einige Zeit *aktiviert war:*

- *„Ich fühle mich viel kraftvoller und mehr geerdet. Ich habe eine ganz andere Stabilität."*
- *„Es ist, als hätte ich einen gestärkten freien Raum um mich herum."*

- *„Ich nehme ein gestärktes Selbstbewusstsein wahr, denn ich kann mehr zu mir stehen und meine Meinung äußern, was mir vorher schwerfiel."*
- *„Wann immer ich mich auf mein Christusnetz konzentriere und Jesus darum bitte, es zu energetisieren und zu stärken, strömt eine Energie durch mein gesamtes System. Es prickelt und kribbelt dann so wohltuend. Nach dieser Energetisierung bin ich wieder bei mir angekommen und fühle mich gestärkt, um den Alltag zu meistern. Gerade jetzt, wenn ich dir das schreibe, fühle ich es wieder so."*

Meditationen

Meditation „Mit Jesus Christus in Kontakt treten"

Suche einen Platz der Stille, das kann bei dir zu Hause sein, in der freien Natur, im Wald oder auch in der Kirche. Setz dich bequem hin, wenn es dir lieber ist, kannst du die Meditation auch im Stehen oder Liegen durchführen.

Atme mehrmals bewusst ein und wieder aus. Stell dir dann vor, dass du bei jedem erneuten Einatmen dich mit deinem Herzen verbindest. Wenn du es schon kannst, verbinde dich direkt mit deiner Seele.

Nimm nun die Stille in dir bewusst wahr und gib dir dafür die Zeit, die du brauchst. Atme weiter langsam ein und wieder aus. Lass alle Gedanken des Tages an dir vorüberziehen, sodass dein Geist immer leerer wird.

Nun bitte Jesus Christus, zu dir zu kommen, damit ihr euch kennenlernen könnt. Steht er vor dir, lass deine Liebe zu ihm fließen, sodass dein Herz mit seinem Herzen in Resonanz geht. Spüre diese einzigartige Verbindung zwischen dir und Jesus Christus. Vielleicht kannst du ihn nicht nur spüren, sondern auch vor deinem geistigen Auge sehen. Nimm wahr, wie Jesus vor dir steht. Spüre seine Liebe, seine Freude und sein göttliches Licht. Fühle, wie dein Herz in Resonanz mit seiner Liebe geht. Seine Liebe fließt zu dir. Du kannst seine Liebe in deinem Herzen spüren.

Nun lass dich ganz auf seine Liebe ein, öffne dein Bewusstsein, öffne deine Seele, öffne dein Sein und fühle, wie Jesus dich mit seiner Liebe vollkommen füllt. Wenn du ein Anliegen hast, kannst du ihm jetzt dieses vortragen und ihn um eine Lösung bit-

ten. Du kannst ihm aber auch deine Sorgen einfach übergeben, er kümmert sich darum.

Fühle, wie nun eine Last von deinen Schultern genommen wird. Vielleicht spürst du eine Erleichterung in dir, in deinem Herzen.

Danke ihm für seine Hilfe. Hast du kein Anliegen, dann genieße einfach seine Liebe, sein göttliches Licht und seine Freude. Genieße diesen einzigartigen Moment und lass dich füllen. Lass dich tragen von Jesus Christus. Er ist für dich da.

Verweile solange du möchtest in dieser wärmenden umhüllenden Liebe. Komm dann wieder in dein Jetzt zurück und erfreue dich an dieser schönen Erfahrung mit Jesus Christus. Er ist immer für dich da.

Meditation „Das Christusnetz energetisieren"

Suche dir einen Ort, an dem du ungestört bist, das kann zu Hause, in der Natur oder in einem speziellen Raum dafür sein. Zünde eine Kerze an, wenn du die Möglichkeit dazu hast. Konzentriere dich auf die Flamme und komme langsam in deinem Jetzt an. Lass alles, was dich in deinem Innen wie auch in deinem Außen beschäftigt, in seiner Kraft weniger werden.

Atme nun bewusst ein und wieder aus und spüre, wie die Luft in deine Luftröhre strömt, in deine Bronchien hinein. Fülle beim Einatmen deine Lungen mit frischer Energie und atme beim Ausatmen die alte Luft aus. So findet eine Reinigung auf Körperebene und energetischer Ebene statt. Werde ruhig und spüre die Stille in dir, die nach und nach in dir einkehrt.

Richte deine Aufmerksamkeit nun ganz auf dich in deinem Hier und Jetzt.

Nun stell dir deinen Christuspunkt CA 3 in dir vor. Er befindet sich in der Mitte des Brustbeins circa eine Handbreit oberhalb deines Herzens. Es ist der Ort, wo dein Scheinwerfer deines Lebens auf dein Dekolleté strahlen würde. Dieser Christuspunkt liegt in dir höher als deine Seelenenergie, es ist der Aktivierungspunkt für dein Christusnetz in dir. Über ihn kannst du dein Christusnetz selbst aktivieren und energetisieren und zwar mit deiner bloßen Vorstellung und Wahrnehmung.

Gehe nun in Verbindung mit dem Christuspunkt CA 3. Dafür stelle ihn dir erst einmal nur vor. Nimm wahr, wie schön er in dir erstrahlt. Nun kannst du dich, bist du bereit, mit deinem Atem bewusst mit diesem Christuspunkt verbinden. Stell dir vor, wie du beim Einatmen dich mit dem CA 3 verbindest und beim Aus-

atmen diese Verbindung stärkst. Du kannst dir vorstellen, dass dein Ausatmen dich ein wenig in diesen Punkt sacken lässt, wie ein Fallenlassen in diese wundervolle stärkende Energie.

Atme weiter in den Aktivierungspunkt und nimm wahr, wann du beginnen kannst, dein ganzes Christusnetz nach und nach zu energetisieren. Stell dir vor, wie du bei jedem Ausatmen die Christusenergie von diesem Aktivierungspunkt aus in dein Christusnetz im Körper fließen lässt. Du wirst merken, dass sich dein Körper nach einiger Zeit anders anfühlt, kraftvoller und stärker. Du kannst diese Energetisierung so lange machen, wie du möchtest. Verweile in dieser wundervollen Stärkung und bade dich darin.

Wenn du fertig bist mit der Energetisierung, bewege deine Hände, Füße, Beine und komm langsam wieder in deine Gegenwart auf irdischer Ebene zurück. Nun bist du vollkommen energetisiert in deinem neuen energetischen Netz in dir, in deinem Christusnetz.

Meditation „Sich füllen lassen"

Diese Übung eignet sich am Morgen, wie auch während des Tages, zum Beispiel wenn man sich schlapp fühlt oder wieder etwas Power benötigt oder vielleicht einfach nur so, weil man Lust hat, sich mit göttlicher Energie füllen zu lassen. Diese Meditation ist unabhängig von dem Christusnetz. Ihr könnt euch aber bei dieser Meditation gleichzeitig vorstellen, wie der göttliche Strahl euer Christusnetz über euer Kronen-Chakra und den inneren Chakren-Energiekanal füllt.

Gehe in die Stille und finde einen Ort, an dem du ungestört bist. Zünde eine Kerze an und konzentriere dich auf ihre Flamme. Komme nun in dein Hier und Jetzt. Lass alle Gedanken vorüberziehen, wie ein Film, der vor dir abgespielt wird. Atme bewusst ein und wieder aus. Folge deinem Atem, wie er durch die Nase über die Luftröhre in deine Bronchien strömt und deine Lunge mit neuem Sauerstoff versorgt. Beim Ausatmen lässt du alles los. Wiederhole dies ein paar Mal.

Nun stell dir vor, wie der goldene göttliche Strahl vollkommen auf dich scheint. Dann atme über dein Kronen-Chakra die göttliche Energie ein und stell dir dabei vor – vielleicht fühlst du es auch –, wie die goldene Energie in dich in deinen inneren Energiekanal einfließt. Spüre die Wärme und die göttliche Energie in dir. Stell dir immer wieder vor, wie der Strahl in dich einströmt und dich mit seiner göttlichen Energie füllt.

Du musst nicht viel dazu tun, nur in die Vorstellung dazu gehen. Nimm wahr, wie erst deine Füße, deine Beine, dein Becken, dein Bauchraum, deine Brust, dein Oberkörper, deine Arme und Hände, deine Schultern und Rücken, dein Hals und Kopf und jede Körperzelle mit der Energie des göttlichen Strahls nach und nach gefüllt und energetisiert werden. Vielleicht spürst du auch ein Kribbeln oder eine Wärme? Auch wenn du nichts wahrnehmen solltest, sei dir sicher, du wirst gefüllt mit der wundervollen göttlichen Energie.

Verweile solange, wie du möchtest, im göttlichen Strahl. Lass dich füllen! Lass dich energetisieren! Empfange die Kraft des Göttlichen und sei!

Wenn du fertig bist, komm langsam wieder in deine Gegenwart zurück, bewege Füße und Hände. Öffne deine Augen, wenn du einen Impuls dazu verspürst. Du bist nun voller Power und Energie.

Meditation „Verbindung mit dem Kristallnetz der Erde"

Suche für diese Meditation einen Ort der Stille auf, das kann zu Hause, im Garten oder auch draußen in der Natur außerhalb deiner Wohnung oder deines Grundstücks sein. Setze oder stell dich hin, so, wie es für dich am besten ist, und atme bewusst in deine Seele ein und aus. Atme dann mehrmals ein und wieder aus und lass alles an dir vorüberziehen, was dich derzeit beschäftigt. Probleme aus der Arbeit oder Familie, oder auch der noch zu erledigende Einkaufszettel sind jetzt in dem Moment nicht wichtig. Nur du, deine Seele und dein Wahres Sein auf Erden zählen in diesem Augenblick. Allein schon diese Pause der Stille hilft dir in deinem Alltag, wieder zu dir zu kommen.

Jetzt richte deine Aufmerksamkeit auf dein Christusnetz. Spüre es in dir. Spüre die Kraft, die es ausstrahlt und dich von innen her stärkt.

Nimm nun wahr, wie du eine Verbindung von deinen Fußsohlen von den Christusenergieleitbahnen zum Kristallgitternetz der Erde herstellst. Es bilden sich neue Bahnen, wenn sie nicht schon sichtbar sind, von deinem Christusnetz in den Füßen zum Kristallgitternetz der Erde, das wie ein kugelförmiges Netz in der Erde liegt.

Lass deine Energieleitbahnen so weit wachsen, bis du an das Kristallgitternetz andockst. Sind deine Energiebahnen bereits mit dem Kristallgitternetz verbunden, stell dir nur die Verstärkung dieser Verbindung vor. Vielleicht gab es einen Vorfall am Tag, der deine Erdung ins Wanken gebracht hat. Stärke nun diese Verbindung, indem du deine Aufmerksamkeit darauf lässt.

Hast du dich eben erst ans Kristallgitternetz angeschlossen, dann gehe in die Wahrnehmung und spüre einfach, wie es sich anfühlt, mit ihm verbunden zu sein. Eine neue Erdung tut sich dir nun auf. Eine Erdung, die von äußeren Umweltschäden oder aktuellen Energien in der Erde nicht beeinflusst wird.

Das Kristallgitternetz ist frei von all dem, es ist stabil und hält immer die neue Energie in der Erde aufrecht. Wie fühlt sich diese neue Erdung an? Gehe in die Wahrnehmung und freue dich über diese neue Verbindung mit Mutter Erde.

Verweile solange, wie du möchtest, in diesem Zustand. Komme dann wieder in dein Jetzt zurück und öffne deine Augen. Fühle, wie geerdet du nun bist. Eine wundervolle Kraft aus der Mitte der Erde kannst du nun spüren – in dir selbst.

Die bestehende Verbindung zum Kristallgitternetz kannst du auch schnell mal zwischendurch wahrnehmen, indem du einfach kurz in die Stille gehst und dich darauf konzentrierst. So kannst du während des Tages immer wieder deine Erdung stärken, ohne dafür in eine lange Meditation gehen zu müssen.

Meditation „Bei sich bleiben"

Diese Meditation ist eher eine Übung für den Alltag, so schafft ihr es, bei euch zu bleiben, egal, in welcher Situation ihr euch befindet. Es geht bei der Übung um die reine Aufmerksamkeit, die ihr auf euch selbst richtet. Ihr könnt diese kleine Meditation in jedem Moment durchführen – unabhängig davon, wo ihr euch befindet. (Außer beim Autofahren!)

Ihr könnt aber auch an einen Ort gehen, wo ihr für eine kurze Zeit ungestört seid.

Richte deine Aufmerksamkeit auf deinen Atem und atme ein und aus. Das machst du ein paar Mal. Dann spürst du in dich hinein, und zwar an den Ort, wo deine Seele wohnt. Wenn es dir leichter fällt, in dein Herz zu spüren, tu es.

Atme nun in dein Herz oder deine Seele bewusst ein und aus. Atme bewusst weiter ein und aus, so lange, bis du selbst bemerkst, dass deine Aufmerksamkeit wieder auf dich und deine innere Mitte gerichtet ist. Halte diesen Zustand, indem du immer wieder in deine Seele oder in dein Herz atmest.

Irgendwann bekommst du Übung darin, diese kleine Achtsamkeitsübung auch im Beisein von anderen Menschen durchzuführen, ohne dass jemand es bemerkt. Du brauchst keinen eigenen Raum mehr dafür.

Du kannst sofort und in jedem Augenblick, egal, wo du dich befindest, deine Aufmerksamkeit über deinen Atem auf dich richten.

Wer schon mehr Übung darin hat, kann seine Aufmerksamkeit auf sein aktiviertes Christusnetz richten und sich so wieder in die Mitte bringen und sich zwischendurch stärken.

Register von körperlichen und seelischen Beschwerden mit den dazugehörigen Christuspunkten

Ich habe nur einige Beschwerden und Themen aufgeführt, die mir als die Wichtigsten erschienen. Bei speziellen Krankheiten oder Lebenssituationen muss man immer individuell schauen, welche Christuspunkte zu behandeln sind. Es gibt zum Beispiel für die Prüfungsangst mehrere mögliche Punkte, die ihr energetisieren könnt. Folgt einfach eurer Intuition, sie weiß die Christuspunkte, die in dem Moment für denjenigen oder für euch wichtig sind. Es kommt zudem immer auf die Situation und den Gesundheitszustand des zu Behandelnden an. Ihr könnt die Christuspunkte in Kombination paarweise oder auch einzeln energetisieren, je nach Situation, Zustand und Beschwerde.

Achillessehnenentzündung: C 11, C 12, C 13, C 14
ADS/ADHS: C 0, C 1, C 2, CE, CF
Ahnenenergie, blockierte: C 30, C 31
Allgemeine Schwäche: CA 1, CA 2
Ängste aller Art: CF
Angst vor Armut: CR 4, CR 5
Angst vor Reichtum: CR 4, CR 5, CM 1, CM 4
Arme, Lämungen in den: C 26, C 27
Arthrose in den Füßen: CA 4, CA 5, C 11, C 12, C 13, C 14
Arthrose in den Hände: CA 6, CA 7, C 28, C 29
Atembeschwerden: CM 4
Auditive Wahrnehmungsstörung (AVWS): C 0, C 1, C 2, CE, CF
Aufmerksamkeitsstörung: C 1, C 2, C 0, CE, CF

Augen, müde: C 24, C 25
Augen, Probleme mit den: C 21, C 24, C 25
Aura, verdreckte: C 15, C 16
Ausgeliefert, fühlt sich: CF
Aussehen, graues: CA 3
Bauchspeicheldrüse, schwach: C 17, C 18
Beckenschiefstand: C 7, C 8, CR 4, CR 5
Beine, Lähmung in den: C 9, C 10, C 15, C 16, CR 3, CR 4, CR 5
Beine, schwach: C 9, C 10
Berufung, blockierte Umsetzung der eigenen: CM 1, CM 5, CM 6
Besetzungen: C 1, C 2, C 3, C 4, C 24, C 25, C 26, C 27, CM 3, CM 7, CM 8, CH
Bewegung, stockende: CA 4, CA 5, CE, C 15, C 16
Bewusstseinsprozess, blockierter: C 21
Blähungen: C 17, C 18, CM 2
Blut, zu hohe Entzündungswerte im: C 20
Blutwerte, Verschiebungen der: C 20
Bronchitis: C 19, C 20
Dazugehörig fühlen, nicht: CA 3, CE
Demütigung: CM 1, CM 4, CM 5, CM 6, CF, CH
Dupuytren'sche Kontraktur: CA 6, CA 7, C 28, C 29
Durchblutungsstörung in den Armen: C 26, C 27
Durchblutungsstörung in den Beinen: C 7, C 8, C 9, C 10, C 15, C 16
Dyskalkulie: C 0, C 1, C 2, CE, CF
Eierstöcke, schwache: CM 1, CM 5, CM 6
Ellenbeuge, Probleme in der: C 26, C 27
Eindrücke, zu viel unverarbeitete: C 17, C 18
Einsamkeit: CA 3, CE
Energiefluss von Oberkörper zu Unterkörper, blockierter: CM 7, CM 8

Energiefluss zu den unteren und oberen Chakren, blockierter: CH
Entgiftung: C 0, C 1, C 2, C 21, CM 1, CM 2, CM 3, CM 4
Entzündungswert im Blut senken: C 20
Erdung, fehlende: CA 1, CA 2, CA 4, CA 5, C 7, C 8, C 9, C 10, C 11, C 12, CE, C 13, C 14, CR 5, CM 1, C 4
Ernährung, ungesunde: C 0, C 17, C 18, C 22, C 23, CA 3, CM 5, CM 6, CM 7, CM 8
Erschöpfung: CA 1, CA 2, C 20, CM 3
Existenzängste: CF
Festhalten an alten Mustern, zu starkes: C 22, C 23
Finanzielle Sorgen/Schwierigkeiten: CR 4, CR 5
Fußknochen, Schmerzen in den: CA 4, CA 5, CA 1, C 13, C 14, CA 2
Fußknochen, Schwäche in den: CA 4, CA 5, CA 1, CA 2, C 13, C 14
Füße, kalte: CA 1, CA 2, CA 4, CA 5, C 11, C 12
Füße, schwache: C 11, C 12, C 13, C 14, CA 1, CA 2, CA 4, CA 5
Galle, Beschwerden in: C 17, C 18, CM 3, CM 7
Gedanken, wirre: C 0, C 21
Geist, dumpf: C 0, C 4
Geschlechtsorgane, weibliche, schwache: CM 1, CM 5, CM 6
Gicht in den Füßen: CA 4, CA 5, C 13, C 14
Gicht in den Händen: CA 6, CA 7
Göttliche Kraft, blockierte: CM 1, CM 2, CM 3
Grippe: CA 3
Grübeln, ständiges: C 0, C 21
Grübeln vorm Einschlafen, ständiges: C 21
Haltlos, fühlt sich: CE
Handlungsunfähigkeit: CA 4, CA 5, CA 6, CA 7, C 26, C 27, C 28, C 29, CM 1, CE

Halsweh: C 22, C 23
Hände, kalte: CA 6, CA 7, C 28, C 29
Hände, Schmerzen in: CA 6, CA 7, C 28, C 29
Hass: CF
Heimatlosigkeit: CA 3
Hellsicht, blockierte: C 21
Hexenschuss: C 7, C 8, CR 5, CR 4, CR 3
Hoffnungslosigkeit: CA 3, C 1, C 2
Impotenz: C 0, CM 1
Innere Mitte sein, aus der inneren: C 4, CM 3, CM 4
Infektanfälligkeit: CA 1, CA 2, CA 3
Intuition, schwache: C 17, C 18, CM 2
Ischiasnerv, Probleme mit: CR 4, CR 5
Karpaltunnelsyndrom: CA 6, CA 7, C 28, C 29
Kiefer, Schmerzen im: C 22, C 23
Kiefergelenk, Schmerzen im: C 22, C 23
Knieprobleme: C 9, C 10, C 15, C 16
Knie, Schmerzen im: C 15, C 16
Konzentrationsschwierigkeiten: C 0, C 1, C 2, CE, CF
Konflikte, bestehende: C 17, C 18
Kopf, Nebelenergie im: C 0, C 4
Kopfschmerzen: C 0, C 1, C 2, C 21, C 24, C 25, CH
Kopfschmerzen von Nackenverspannungen: C 1, C 2
Kopfschmerzen von Schulterverspannungen: C 3, C 4
Kraftlosigkeit: CM 1, CM 2, CM 3
Kreativität, blockierte: CM 1, CM 5, CM 6
Kreislaufschwäche: C 19, C 20, C 21
Kummer: CA 1, CA 2, CA 3
Lebensfreude, fehlende: C 20, CA 3
Leber, Probleme: CM 3, CM 7
Legasthenie: C 0, C 1, C 2, CE, CF

Libidoverlust: C 0, CM 1, CM 5, CM 6
Machtlosigkeit: CM 1, CM 2, CM 5, CM 6
Machtmissbrauch von anderen: CH
Magen, Probleme: CA 6, CA 7, C 28, C 29, CM 3
Melancholie: CA 1, CA 2, CA 3
Männlichkeit, ungelebte: CR 5
Migräne: C 0, C 1, C 2, C 3, C 4, C 21, C 24, C 25, CH
Milz, schwache: CM 8
Missgunst: CF
Missbrauch aller Art: CM 1, CM 4, CM 5, CM 6
Misstrauen: CF
Mobbing: CA 3, CE
Müdigkeit, starke: CA 1, CA 2, C 19, C 20
Muskelschwäche in den Armen: C 26, C 27
Muskelschwäche in den Beinen: C 9, C 10, C 15, C 16, CR 4, CR 5
Muskelverhärtungen in Schulter- und Nackenbereich: C 1, C 2, C 3, C 4
Muskelverspannungen in den Schultern: C 3, C 4
Muskelverspannungen im Nacken: C 1, C 2, C 3, C 4
Mutlosigkeit: CH, CM 1, CF
Mutlosigkeit, die eigenen Wünsche zu äußern: CM 1
Nervenschädigung in den Füßen: CA 4, CA 5, C 11, C 12, C 13, C 14
Nervenschädigung in den Armen: C 26, C 27
Nervenschädigung in den Beinen von der Wirbelsäule ausgehend: CR 3, CR 4, CR 5
Nieren- oder Nebennierenschwäche: C 5, C 6
Neid: CF
Neurologische Beschwerden: C 0
Neurologische Krankheiten: C 0
Ohren, Schmerzen in den: C 22, C 23

Osteoporose in den Fußknochen: CA 4, CA 5, C 11, C 12, C 13, C 14
Pessimismus: C 1, C 2
Pneumonie: C 19, C 20
Potenzial, nicht gelebtes: C 2
Präsenz, unsichtbar sein wollen, keine: CM 1, CM 4
Prüfungsangst: CA 3, C 0, CF
Rationalität, blockierende: CH
Rheuma, je nach betroffener Körperstelle: CA 4, CA 5, CA 6, CA 7, C 11, C 12, C 13, C 14, C 28, C 29
Rheumatoide Arthritis in den Füßen: CA 4, CA 5
Rheumatoide Arthritis in den Händen: CA 6, CA 7, C 28, C 29
Raynaud-Syndrom: CA 6, CA 7, C 28, C 29
Rundrücken/Krummer Rücken: C 1, C 2, C 3, C 4, C 5, C 6, C 19, C 20, CM 4
Rücken, Beschwerden im oberen: C 3, C 4
Rücken, Schmerzen im oberen: C 3, C 4, CR 1, CR 2
Rücken, Schmerzen im mittleren: C 5, C 6, CR 2, CR 3, CR 4
Rücken, Schmerzen im unteren: C 7, C 8, CR 4, CR 5
Rücken, schwacher: C 5, C 6, C 7, C 8, C 30, C 31
Rückenprobleme aller Art: CR 1, CR 2, CR 3, CR 4, CR 5
Schaufensterkrankheit: C 9, C 10, C 15, C 16
Schmerzen, starke: CA 1, CA 2
Schock: CA 1, CA 2, C 4
Schutzlosigkeit: CF, C 4, CA 3, CE
Schwaches Immunsystem: CA 1, CA 2, CA 3
Schwäche, allgemeine: CA 1, CA 2, C 19, C 20, CM 3
Schwindel: CA 4, CA 5, C 11, C 12, C 13, C 14
Seelenkörper außerhalb des Körpers: C 4, CE
Sehnenscheidenentzündung, Oberarme: C 26, C 27
Sehnenscheidenentzündung, Unterarme: C 26, C 27, C 28, C 29

Sehnenscheidenentzündung, Hände: CA 6, CA 7, C 28, C 29
Selbstwert, schwacher: C 5, C 6, C 7, C 8, C 19, C 20, CM 4, C 1, C 2, C 30, C 31, CM 1
Selbstzweifel: CA 3, C 0, C 1, C 2, CF, CM 4
Sich klein machen: CM 4, CH, CR 1, CR 2, CR 3, CR 4, CR 5
Sich nicht dazugehörig fühlen: CA 3, CE
Sorgen, finanzielle: CM 4, CM 5, CR 4, CR 5
Spirituelle Entwicklung, blockierte: CA 3, C 21, CM 4, CF, CA 1, CA 2
Sprunggelenk, schwaches: C 13, C 14
Sprunggelenk, Schmerzen: C 13, C 14
Stabilität in den Füßen, schwache: CA 4, CA 5, C 11, C 12
Stabilität im Rücken, fehlende: C 5, C 6, C 7, C 8, C 30, C 31
Stabilität des Körpers, schwache: C 9, C 10, CS 1, CS 2, CS 3, CS 4, C 11, C 12
Stand, schwacher: C 9, C 10, C 11, C 12, C 13, C 14, CA 4, CA 5
Süchte wie Alkohol, Drogen, Medikamente, Kaffee, Zucker: C 0, C1, C 2, C 21, C 24, C 25, CA 3, CM 1, CM 2, CM 3, CM 4
Thymusdrüse, schwache: CA 3
Traumata: CA 1, CA 2, C 4, CM 1, CM 4
Traurigkeit: CA 1, CA 2, CA 3
Umsetzung von Ideen und Visionen, blockierte: CM 1, CM 2, CM 3, CM 5, CM 6, CM 7, CM 8, CE, CR 4, CR 5
Unfruchtbarkeit: CM 1, CM 5, CM 6
Unklarer Blick auf den eigenen Weg: C 21
Unruhe, innere: CF
Unordnung, innere: CA 3, C 4, CM 3
Unordnung, geistige: C 0
Unsicherheit: C 0
Unterdrückung: CM 1, CM 4, CM 5, CM 6
Unterleibsprobleme: C 7, C 8, C 17, C 18, CM 1, CM 5, CM 6

Unterstützung bei Entgiftung und Entzug: CA 3, C 0, C 1, C 2, C 21, C 24, C 25, CM 2, CM 3, CM 4
Unterwürfigkeit: CM 1, CM 5, CM 6
Unwohlsein: CA 1, CA 2
Verdauungsprobleme: C 7, C 8, C 17, C 18, CM 2
Verbindung zur göttlichen Quelle/Gott, blockierte: C 1, C 2, CH
Verbindung zur eigenen Inkarnation, fehlende: CE
Verletzungen, seelische: CA 1, CA 2
Verloren, fühlt sich: CE
Wahre Größe nicht leben: CM 4, CH
Weg der Bestimmung, blockiert: CM 1
Weiblichkeit, nicht gelebte: CM 5, CM 6
Wut: CF
Zu viel für andere tun/sich zu viel aufgeladen, zu viel für andere tragen: C 3, C 4, CR 1, CR 2, CR 3, CR 4, CR 5

Weitere Beschwerden ohne spezifische Christuspunkte:

Muskelkater: entsprechende Christuspunkte an den betroffenen Stellen
Muskelverhärtungen: entsprechende Christuspunkte an den betroffenen Stellen
Autoimmunerkrankungen: je nach Intuition.

Danksagung

Ich danke den Engeln des Smaragd Verlags, ihr seid ein Teil meines Lebens und meiner spirituellen Heimat. Seit vierzehn Jahren gehen wir nun gemeinsam diesen Weg des spirituellen Schreibens, um den Menschen göttliche Neuigkeiten und Erkenntnis mittzuteilen und zu überbringen. Dafür bin ich euch sehr dankbar.

Dann möchte ich ganz besonders meiner Tochter danken, die in Zeiten des Homeschoolings mir die Zeit gegeben hatte, dieses Buch überhaupt schreiben zu können. Du bist mein wahrer Schatz in meinem Leben! Danke dir von ganzem Herzen!

Danken möchte ich auch meiner Freundin Melanie, auf die ich mich immer verlassen kann, und meiner Freundin Simone J. Fischer für ihre Weisheit und göttliche Positivität. Ihre wundervollen hochschwingenden Kerzen (www.licht-garten.eu) haben meine Kreativität beim Schreiben nie ausgehen lassen. Danke dir dafür.

Wie immer danke ich auch meinen Eltern, die seit 50 Jahren hinter mir stehen.

Happy und Freddy, unseren zwei Katzen, danke ich ebenfalls, sie sind die kleinen Heiler unserer Familie – eine Wonne, sie in unserem Leben zu haben.

Dann möchte ich noch meinen Seelenschwestern Kati-Maus und Renate danken für ihr Sein auf Erden.

Liebe Silke, danke für deine Freundschaft.

Ein großer Dank geht auch an weitere wundervolle Menschen in meinen Leben: Christof, Julia und Michael, Silke, Boris, Kathrin, Britta, Hatice, Eylem, Dani, Michi, Sylvia, Gianni, Manu, Angelika Selina, Claudia, Birgit, Ingo und Eri. Ich bin sehr glücklich, euch in meinem Leben zu wissen.

Ein lieber Dank geht auch an meine Eiskunstlauflehrerin und Freundin Claudia, es macht immer so viel Freude mit dir auf dem Eis. Ich bin dankbar, dass du in meinem Leben bist.

Zuletzt möchte ich mich noch bei meiner langjährigen Yogalehrerin Nicole bedanken, sie hat mich ein langes Stück auf meinem Weg begleitet.

Ich bin überhaupt dankbar für alles in meinem Leben, aber besonders für euch alle!

Eure Sabine

Über die Autorin

Sabine Skala ist medial veranlagt und eines der ersten Indigokinder der 70er Jahre. Als Heilpraktikerin, Heilerin und Medium für persönliche Botschaften arbeitet sie seit 2003 in ihrer eigenen *Praxis für Energietherapie und Neues Bewusstsein* in Sauerlach bei München.

Ihre Aufgabe ist es, den Menschen in ihrer Transformation und Heilung zu helfen und zu erkennen, wofür sie auf Erden gekommen sind. Sabine Skala hat die Gabe, die spirituellen Fähigkeiten eines jeden zu sehen und ihm diese zu vermitteln. Als Medium nimmt sie Kontakt auf zu höheren Dimensionen und Lichtwesen, um den Menschen persönliche Botschaften und heilende Energien zu überbringen. Ihr mediales Potenzial und ihre Fähigkeiten als Heilerin machen es ihr möglich, auf Seelenebene zu behandeln. Des Weiteren ist sie Christusheilerin und hat die Gabe, das Christusnetz bei den Menschen zu aktivieren. Die spirituelle Berufung des medialen Schreibens und der Heilbehandlungen auf Seelenebene ist eine sehr hochschwingende und heilige Arbeit, die Sabine Skala mit Freuden angenommen hat.

Sie lebt mit ihrer Tochter zusammen mit ihren Eltern und zwei Katzen in Sauerlach bei München.

Kontakt und Informationen:
Sabine Skala, Heilpraktikerin und Autorin
Tel.: 0049-(0)8104-888308

Mobil: 0049- (0)173 350 2526
E-Mail: S.Skala@t-online.de

Homepage:
Autorin und Medium für persönliche Botschaften:
www.sabine-skala.de
Praxis für Energietherapie und Neues Bewusstsein:
www.heile-deinen-koerper.de

Buchempfehlungen

Sabine Skala
Sternenengel – Die neuen Boten Gottes
248 Seiten, A5, broschiert
ISBN 978-3-95531-164-3

Die Sternenengel sind dem kosmischen Strahl Gottes zugeordnet und schaffen die direkte Verbindung zu Gott. Sie wurden von Gott gesandt, um die Erzengel und Engel zu unterstützen.
Die Schwingung der Erde hat sich so weit erhöht, dass der Weg für die Sternenengel nun frei ist, um sich endlich ihrer neuen Aufgabe widmen zu können: den Menschen, Tieren, Pflanzen und der Natur auf ihrem Weg der Heilung auf Erden zu helfen.
Die neuen Boten Gottes wurden verschiedenen Bereichen zugeordnet, in denen sie helfen, unterstützen und stärken. Auch ein persönlicher Sternenengel wurde jedem zugeteilt. Dieser ersetzt nicht euren Schutzengel, sondern ist für andere Bereiche eures Lebens zuständig.
Lass dich ein auf die wundervolle Energie der Sternenengel, es lohnt sich.

Sabine Skala
Die Kraft der Seele freischalten
Für ein glückliches und erfolgreiches Leben
152 Seiten, A5, broschiert
ISBN 978-3-95531-180-3

Unsere Seele ist die kraftvollste und mächtigste Energie, die wir in uns tragen. Sie ist die direkte Verbindung zu Gott, kennt unsere Lebensaufgabe, für die wir auf Erden gekommen sind, und steuert uns in genau die Situationen, die für unsere Entwicklung wichtig sind.
Die Autorin beschreibt, welche Fähigkeiten unsere Seele hat, was geschieht, wenn ihre Kraft freigeschaltet ist, wie wir Verbindung zu ihr aufnehmen und sie spüren können und warum es so wichtig ist, dass wir den Kontakt zu ihr pflegen und mit ihr in Einheit zusammenleben.
Ist die Seelenenergie jedoch blockiert, kann sie nicht mehr in unser Leben fließen. Mit der Freischaltung der Seele werden alle Blockaden und Ablagerungen aufgelöst, sodass unser göttliches Potenzial geöffnet wird und all das zum Vorschein kommt, was für uns bestimmt war.

Christine Kolbe

Der *andere* Jesus

Neue Einblicke in das
Christusgeschehen

Christine Kolbe
Der andere Jesus
Neue Einblicke in das Christusgeschehen
296 Seiten, broschiert
ISBN 978-3-95531-205-3

Beinahe wäre dieses Buch niemals veröffentlicht worden.
Zuviel Sprengkraft birgt das Material, das über viele Jahre als gechannelter Text aufgezeichnet wurde.
In diesen sensationellen Durchgaben werden die Umstände der Kreuzigung als geschickt inszenierte Täuschung beschrieben, denn es gilt nur ein Ziel zu erreichen:
Jesus vor dem Tod am Kreuz zu retten.
Überaus lebendig und spannend werden sein weiterer Lebensweg und das Schicksal seiner engsten Begleiter bis zum überraschenden Schluss erzählt.
„Das neue Christus-Geschehen kann nicht beginnen,
solange die wahren Umstände des vergangenen
Christus-Geschehens nicht ans Licht gekommen sind."

Robert Baumgartner
Seelenfunken – „Sag allen, dass ich lebe!"
144 Seiten broschiert
ISBN 978-3-95531-207-7

Zwei Brüder schreiben gemeinsam ein Buch – eigentlich nichts Außergewöhnliches. Nur: Einer der Brüder lebt noch hier auf der Erde, der andere ist bereits in unserer Seelenheimat.
In Seelenfunken geht es um eine spannende spirituelle Reise in die Bereiche der jenseitigen Welt und das Leben in anderen Dimensionen. Patrick berichtet seinem Bruder auf medialem Weg, wie es ihm beim Tod seines irdischen Körpers ergangen ist und wie es danach weiterging. Und endet mit seiner Wiedergeburt.
Seine Botschaft für uns Menschen ist klar und deutlich:
„Wir sind spirituelle Wesen, die menschliche Erfahrungen auf dieser Erde machen – einem Ort, an dem wir alles, was vorher war, vergessen haben.
Die Lernerfahrungen nehmen wir mit in unsere himmlische Heimat und bringen sie ein in das Große Ganze. Dadurch fördern wir unsere spirituelle Entwicklung und formen unsere Realität sowohl hier auf Erden als auch in der Geistigen Welt."
Mit einem Vorwort von Bettina Suvi Rode

Belgin Groha
Erdenengel und das Gleichgewicht der Neuen Erde
168 Seiten, broschiert
ISBN 978-3-95531-208-4

Das von vielen Menschen lang ersehnte Wassermann-Zeitalter ist da und leitet ein Gleichgewicht der Neuen Erde ein, die durch Millionen von Erdenengeln weltweit eingeläutet wurde.
Gehörst auch DU zu den lichtvollen Seelen, die den Aufstieg der Erde erst möglich gemacht haben? Und, wenn ja, kennst du deine Aufgaben für diese spannende Zeit?
Die Übungen und Empfehlungen sind von der Autorin aus der Engelwelt für dich empfangen und aufgeschrieben worden.
Mach den Selbsttest im Buch und finde es heraus, denn dieses Buch ist für und über dich geschrieben, du wundervoller Erdenengel.
Die Neue Erde braucht DICH!
Und zwar genau jetzt!

Mit einem Vorwort von SUE DHAIBI

Zora Gienger
Lichtenergie und Heilgebete für ein neues WIR-Bewusstsein
120 Seiten, A5, broschiert
ISBN 978-3-95531-200-8

Viele Menschen vermissen ein harmonisches, verständnisvolles und konstruktives Miteinander im Leben und sehnen sich nach einem Denken, Fühlen und Handeln, das Erfüllung und Sinn schenkt und den egoistischen Strukturen unserer Zeit Einhalt gebietet.
Doch dem Menschen stehen machtvolle Werkzeuge zur Verfügung, die dem eigenen Leben wieder Sinn verleihen und konkret etwas für die ganze Welt tun können. Es ist das sogenannte WIR-Bewusstsein, das jeder Mensch in sich trägt, um ein neues Miteinander zu kreieren, wobei das in ihm angelegte und wichtige ICH-Bewusstsein nicht ausgemerzt, sondern sinnvoll ergänzt wird.
Zora Gienger beschreibt und erklärt das harmonische Miteinander dieser beiden Bewusstseinsanteile im Menschen und zeigt Wege, wie jeder Mensch ins WIR-Bewusstsein gelangen kann.
Lichtübungen und Heilgebete sind ein Schlüssel, um dieses neue WIR-Bewusstsein dauerhaft in jedem von uns zum Leben zu erwecken.
Eine Einladung zu einer großartigen Erkenntnis, die ins tägliche Leben integriert werden kann und wahre Wunder möglich macht.

Infografik des Körpers

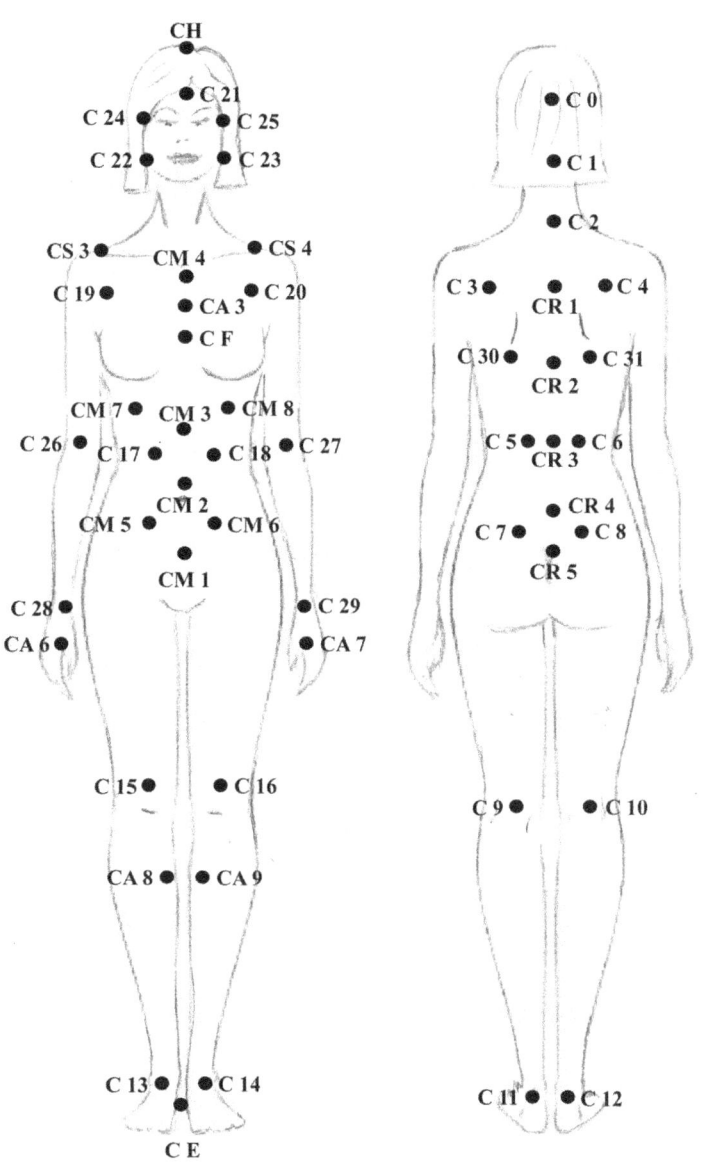

Infografik der Fußunterseite

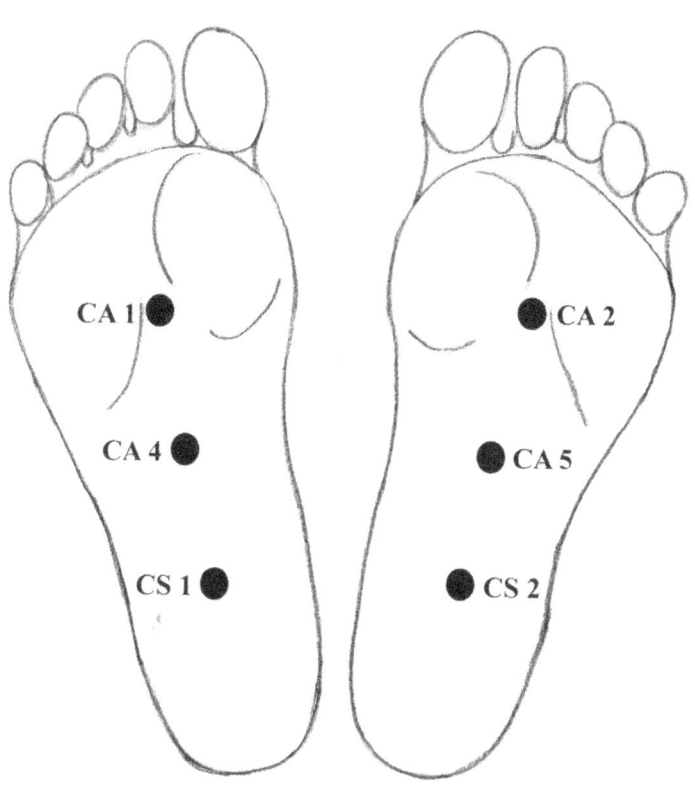